JN417974

복지서비스 이용자의 권리옹호와 컴플라이언스

복지서비스 이용자의 권리옹호와 컴플라이언스

이명현 · 강대선

KNOWLEDGE COMMUNITY 공동체

"이 연구는 2007년도 정부재원(교육과학기술부 인문사회연구역량강화사업비)으로 한국학술진흥재단의 지원을 받아 연구되었음(KRF-2007-B00422)."
"This work was supported by the Korea Research Foundation Grant funded by the Korean Government(KRF-2007-B00422)."

노인・장애인 등 사회경제적 약자들의 충분하고 질 높은 복지서비스 이용에 대한 욕구가 높아지면서 사회복지서비스 이용에 대한 클라이언트의 주체적 참여와 선택을 보장하는 시스템 구축이 사회복지서비스에서 매우 중요한 경향으로 부각되고 있다. 이러한 동향은 유럽과 미국, 일본을 비롯한 국제적 규모로 진행되는 복지서비스 패러다임의 변화라고 할 수 있으며 우리나라에서도 복지 바우처(voucher) 제도나 장기요양보험 도입 등으로 서비스 이용과 선택, 복지계약 등이 강조됨으로써 이용자의 선택권을 비롯한 복지이용의 권리가 더욱 중요하게 되었다. 특히 최근 일부 복지재단의 회계부정과 이용자 학대와 같은 인권침해 사건은 복지서비스의 질적 향상을 위한 노력들이 여전히 매우 미흡하며 서비스 이용자의 권리옹호를 위한 기관관리와 서비스 제공이 중요한 현안이라는 것을 보여주고 있다.

이와 같이 복지서비스 이용자의 서비스 이용을 지원하고 그들의 권리를 옹호하는 기관관리와 서비스 제공이 적절하게 관리되는 시스템을 가장 효과적으로 구현할 수 있는 구체적 방안 중의 하나가 기관운영에 있어 컴플라이언스(compliance rule)를 도입하는 것이다. 본 연구는 이러한 컴플라이언스를 권리옹호 차원에서, 즉 권리옹호의 제도적・수단적 관리 전략으로서 도입하는 방안을 제시하고자 하였다. 컴플라이언스는 금융기관, 병원, 기업 등 영리기업이나 서비스 조직에서 공정성이나 투명성이 요구되는 업무수행을 담보하기 위한 수단으로 주로 활용되어 왔으나, 최근 사회복지 공급과 수요가 증가하면서 사회복지서비스 제공에 참여하는 조직들이 질 높고 적절한 생활지원과 서비스를 제공하기 위해서 도입하도록 주목받고 있다. 다시 말해 사회복지에서 컴플라이언스란 복지조직 스스로 법령과 규제, 복지윤리와 이념을 준수하는 경영에 매진함으로써 이용자의 인권이나 권리옹호를 추구하는 관리방식을 지향하려는 의미를 가지고 있다.

본 연구는 학술진흥재단의 연구과제로서 수행된 결과물에 바탕을 두고 있지만, **인권 및 권리옹호**의 개념과 구조에 관련된 내용을 더욱 보강하여 단행본으로 출간하게 되었다. 연구내용은 크게 권리옹호와 컴플라이언스 두 가지로 구성되어 있다. 권리옹호와 관련해서는 사회복지서비스의 변용과 함께 이용자의 권리옹호가 대두된 배경과 권리옹호의 구조 등에 대해 논의하였다. 컴플라이언스와 관련해서는 권리옹호의 효과적 보장수단으로서의 컴플라이언스의 필요성과 개념, 컴플라이언스의 구성과 단계별 전개과정, 컴플라이언스의 유형별 분석과 수행실태, 권리옹호를 위한 컴플라이언스 도입방안으로 구성하였다. 구체적인 연구 구성은 **8장**으로 구성되어 있다. 1장은 연구목적과 방법, **2장은 연구동향에 대해 기술하였고, 3장은 인권의 사상적 기원과 제도적 동향을 고찰하였다. 4장은 권리옹호와 컴플라이언스로 사회복지패러다임의 변화와 권리옹호, 사회복지서비스와 컴플라이언스의 필요성과 관계를 고찰하고 있다. 5장은 컴플라이언스 개념과 전개과정으로 컴플라이언스에 대한 정의와 과정에 대한 이론적 분석으로 다루고 있다. 6장은 컴플라이언스의 분석과 도입방안으로 컴플라이언스의 유형과 수행실태에 대한 실증적인 분석을 시도하고 있다. 7장은 연구결과를 바탕으로 컴플라이언스 도입에 따른 과제를 제시하고 있고, 마지막 8장에서는 컴플라이언스 매니지먼트의 실제수행을 위한 구체적인 행동원칙과 관련 사례를 제시하였다.**

이 연구가 사회복지사를 목표로 공부하고 있는 학생뿐만 아니라 클라이언트의 이익을 보호하고 대변하고자 노력하는 모든 사회복지사, 사회복지 관련 종사자와 연구자들에게 사회복지사로서의 사명과 역할을 정립하는 데에 조금이나마 도움이 되기를 바라는 마음 간절하다.

사회복지분야에서 조금은 생소한 컴플라이언스에 대한 내용을 다루다 보니 필자들의 능력부족으로 많은 부분에 걸쳐 실수와 한계가 있다고 사료된다. 독자들의 많은 비판과 질책이 있기 바라며, 특히 전국 규모의 컴플라이언스 분야별 수행실태 분석과 한국적 컴플라이언스 실제와 사례 등에 대하여 앞으로 수정・보완할 기회가 있을 것으로 믿는다.

끝으로 사회복지 각 분야별 교재와 전문서적을 집중적으로 출판하여 사회복지학 발전에 큰 기여를 하고 있으며 본 연구서의 출간을 기꺼이 맡아주신 공동체 김동훈 사장님과 직원 여러분에게 깊은 감사를 드린다.

2010년 4월

이명현, 강대선

CONTENTS

■ 머리말 / 5

CHAPTER 01 **연구목적과 방법** 11

1. 연구목적 및 필요성 13
2. 연구내용과 연구방법 15

CHAPTER 02 **연구동향** 21

CHAPTER 03 **인권과 컴플라이언스** 27

1. 인권사상의 기원 29
   1) 인권의 본질 29
   2) 인권사상의 전통 30
   3) 인권사상의 계보 32
   4) 미국 독립선언문과 프랑스 인권선언의 내용과 특징 34
2. 인권과 사회복지 37
   1) 인권선언과 인권제도 37
   2) 이용자의 욕구와 사회복지사의 과제 43
   3) 사회복지전문직의 책임근거와 권리 옹호 45

CHAPTER 04 **권리옹호와 컴플라이언스** 49

1. 사회복지 패러다임의 변화와 권리옹호 51
   1) 사회적 리스크의 변화와 복지국가 51
   2) 생산주의 사회에서의 탈피와 사회복지 53
   3) 사회복지 패러다임의 변화와 권리옹호 시스템 54
2. 사회복지서비스와 권리옹호 58
   1) 사회복지서비스 이용자와 권리옹호 58
   2) 권리옹호의 개념과 시스템 구조 62
   3) 사회복지사와 권리옹호 66
3. 권리옹호를 위한 컴플라이언스 70
   1) 권리옹호와 리스크매니지먼트 그리고 컴플라이언스 70
   2) 서비스 이용자의 권리옹호를 위한 컴플라이언스 71

CHAPTER 05 **컴플라이언스의 개념과 전개과정** ········· 77
1. 컴플라이언스 정의 ········· 79
2. 컴플라이언스 구성과 본질 ········· 82
1) 컴플라이언스의 구성 ········· 82
2) 컴플라이언스의 본질 ········· 85
3. 컴플라이언스의 전개과정 ········· 88

CHAPTER 06 **컴플라이언스의 분석과 도입방안** ········· 91
1. 컴플라이언스의 유형 분석 ········· 93
1) 조직에서 발생하는 사건을 기준으로 한 유형 ········· 93
2) 컴플라이언스 시스템을 기준으로 한 유형 ········· 96
3) 컴플라이언스 규칙(rule)의 내용을 기준으로 한 유형 ········· 97
2. 컴플라이언스 수행 실태 분석 ········· 99
1) 조사내용 ········· 99
2) 조사방법 및 조사대상의 일반적 배경 ········· 99
3) 조사 결과 분석 ········· 101
3. 권리옹호를 위한 컴플라이언스 도입방안 ········· 120
1) 관리적 도입방안 ········· 121
2) 권리옹호적 도입방안 ········· 126

CHAPTER 07 **컴플라이언스 도입의 과제** ········· 135
1. 컴플라이언스 도입목적 ········· 137
2. 컴플라이언스 프로그램의 효과성 ········· 139
3. 컴플라이언스 책임자 ········· 140
4. 컴플라이언스 프로그램의 이슈범위 ········· 141
5. 컴플라이언스 담당인력의 권력과 자원수준에 대한 합의 ········· 141

CHAPTER 08 컴플라이언스 행동원칙과 사례 ········· 145
1. 컴플라이언스 매니지먼트 시스템 규격 ········· 147
1) 적용 범위 ········· 150
2) 용어 정의 ········· 151
3) 컴플라이언스 매니지먼트 시스템의 요구사항 ········· 153
2. 컴플라이언스 매니지먼트 체크리스트 ········· 162
1) 리더십과 거버넌스 차원의 대응 ········· 162
2) 행위의 기준을 정립하기 위한 대응 ········· 163
3) 정보와 커뮤니케이션-조직의 구체적인 행동규범(code of conduct) ········· 163
4) 교육연수 ········· 164
5) 성과관리 시스템 ········· 164
6) 감사와 모니터링 ········· 165
7) 보고 및 상담시스템 ········· 165
8) 지속적 개선 ········· 166
3. 소비자에게 신뢰받는 사업자가 되기 위한 자주적 행동기준 ··· 167
1) 자주행동 기준의 개념 ········· 167
2) 자주행동 기준 책정·운용을 위한 유의점과 절차 ········· 172
3) 자주적 행동기준의 설정 촉진과 실효성 확보 ········· 177
4. 일본사회복지시설 경영자협의회「신행동계획 21」 ········· 180
1) 상황인식 ········· 180
2) 회원법인에게 요구되는 행동규범(사회복지법인행동규범) ········· 181

참고문헌 ········· 185

연구목적과 방법

1 연구목적 및 필요성
2 연구내용과 연구방법

1. 연구목적 및 필요성

한국의 사회복지는 그동안 서비스 공급부족이 주된 의제였으나 최근에는 양적확충과 함께 그 질의 확보가 주요문제로 대두되고 있다. 사회경제적 양극화 해소를 위한 포괄적 복지정책의 확충과 노인·장애인 등 사회경제적 약자들의 충분하고 질 높은 서비스 이용에 대한 요구는 사회복지의 구조적 개혁과 함께 서비스 이용에 주체적 참여와 선택을 보장하는 관리시스템의 구축을 필요로 한다. 특히 2003년 7월 사회복지사업법의 개정으로 바우처(voucher) 제도가 도입됨으로써 서비스 이용과 선택에 대한 권리가 대폭 강화되었고, 장기요양보험제도의 도입으로 민간이나 기업이 사업자로 참여하여 이용자와의 계약에 의해 서비스를 제공할 수 있는 길이 마련됨으로써 이용자의 선택권이 한층 중요하게 되었다. 이러한 공급자 중심에서 이용자 중심으로의 복지환경의 변화는 공공부문 및 민간부문 사회복지조직들이 새로운 방식의 효율적이고 효과적인 조직관리 패러다임에 입각한 기관관리와 서비스 제공에 노력해야 한다는 것을 의미한다. 또한 최근의 일부 복지재단의 회계부정과 시설 이용자의 학대와 같은 인권침해 사건은 「사회복지분야 투명사회협약」 체결과 같은 복지서비스의 질적 향상을 위한 노력들이 여전히 미흡하며 서비스 이용자의 권리강화를 위한 기관관리와 서비스 제공이 중요한 현안이라는 것을 보여주고 있다.

이와 같은 이용자 위주로의 사회복지 패러다임의 전환은 외국의 사회복지동향에서도 확인할 수 있다. 영국은 90년대 커뮤니티 케어 개혁을 통해 서비스 효율성과 이용자의 선택권을 강화하는 시스템을 구축하였고, 특히 일본의 경우 90년대 중반부터 이용자 위주와 지방분권을 기본으로 하는 사회복지제도의 개혁을 추진하여 국가조치에 의한 서비스를 선택과 자기결정을 보장하는 시스템 위주로 변화시켰다. 이러한 변화는 2000년 개호보험법의 시행과 사회복지법 개정을 통해 그 동안 수동적인 위치였던 복지 대상자를 사회복지의 권리주체로 전환하는 사회복지 기초구조 개혁으로 완성되게 하였다.

이상과 같은 동향들은 궁극적으로 서비스 이용자의 권리성 강화와 이용편의 증진을 위해 행정중심의 조치형 복지가 이용중심의 계약복지로 전환되고 있다는 데에 그 의의를 찾아볼 수 있다. 노인·장애인 등 복지서비스가 필요한 사람들은 질병·장애·노령·실업 등에 의한 소득·의료·복지서비스의 욕구충족 없이는 인간다운 생활을 하기가 불가능하다. 따라서 조치형 사회복지에서는 노인·장애인 등이 보호되어야 할 약자로 간주되어 왔으나 계약을 통한 복지에서는 자율적이고 능동적인 권리의무를 가진 서비스 이용주체가 된다. 이러한 사회복지의 패러다임 전환에 따라 사회복지에서의 이용자의 학대나 권리침해, 자기결정과 선택 등을 배경으로 한 권리보장은 더욱 강력히 요구될 것이다. 따라서 사회정의의 보장과 유지를 목적으로 개인이나 집단, 지역사회 이익을 위한 행위를 대변·옹호·지지하며 클라이언트의 생활지원이 가능한 권리옹호 시스템의 제도적 확충이 필수적이다. 그런데 이러한 계약형 복지는 오히려 국민의 권리를 부정하고 국가나 지방정부의 책임회피를 초래할 것이라는 비판에도 직면하고 있다. 고령사회에서의 복지서비스 이용자는 판단능력이 불충분하고 다양한 사회적 곤란을 안고 있으므로 계약체결이나 서비스의 질적 개선을 요구하기에는 본질적으로 제약이 있는 것이 사실이다. 또 충분한 서비스 기반 없이는 선택 자체가 곤란하다. 따라서 계약형 복지의 부작용을 제어하면서 서비스 이용을 지원하고 관리하는 권리옹호의 수단적 시스템이 필요하고, 이를 위한 구체적 방안 중의 하나가 기관운영에 있어 컴플라이언스(compliance rule)를 도입하는 것이다.

컴플라이언스는 ① 법령과 규제 등을 준수하는 행동, ② 기업윤리와 경영이념 등을 준수하는 행동을 의미하며 금융기관, 병원, 기업 등 영리기업이나 서비스 조직에서 공정성이나 투명성이 요구되는 업무수행을 담보하기 위한 수단으로 주로 활용되어 왔으나, 사회복지와 같은 비영리분야에서도 활용가치가 높아지고 있다. 특히 사회복지 구조가 조직과 이용자 사이의 대등한 서비스 관계로 재편되는 가운데 노인복지와 장애인 복지 분야에서 권리옹호의 제도적 관리수단으로서 주목받고 있다. 즉, 사회복지서비스 제공에 참여하는 조직들이 질 높고 적절한 생활지원과 서비스를 제공하기 위해서 조직 스스로 법령과 규제, 복지윤리와 이념을 준수하는 경영에 매진함으로써 결과적으로 이용자의 인권이나 권리옹호를 추구하는 관리방식을 도입하게 되는 것이다.

이상과 같은 논의를 바탕으로 본 연구에서는 복지서비스 이용자에 대한 권리옹호를 위한 적극적 수단으로써 사회복지기관의 컴플라이언스의 도입과 그에 따른 과제도출을 목적으로 다음과 같은 연구 질문들을 검토할 것이다 .

첫째, 사회복지서비스에서의 권리옹호 시스템과 컴플라이언스 관계, 그리고 그 필요성은 무엇인가?

둘째, 컴플라이언스 관련 제도의 수행 실태와 유형별 분석을 통해 얻을 수 있는 특징은 무엇인가?

셋째, 한국 사회복지에서의 권리옹호의 효과적 확립을 위한 컴플라이언스 도입방안과 과제는 무엇인가?

2. 연구내용과 연구방법

본 연구의 개괄적 범위는 다음과 같이 구분할 수 있다. 즉, 사회복지에서 계약 개념의 등장배경에서 출발하여 인권과 컴플라이언스와의 관계를 개략적으로 살핀 후, 복지서비스 이용지원 강화를 도모하는 권리옹호 시스템의 구조와 특성, 권리옹호 시스템과 컴플라이언스 관계와 컴플라이언스의 구성, 컴플라이언스의 유형별 분석을 통한 우리나라 컴플라이언스의 대응수준과 적합한 도입유형, 한국 사회복지 제도에서의 이용자 지원관리 시스템 확충을 위한 컴플라이언스 도입의 과제까지이다.

이러한 배경에서 본 연구는 총 8장으로 구성된다. 1장에서는 연구의 목적을 제시하고 2장에서는 연구동향에 대해 기술하였다. 3장은 인권의 사상적 기원과 제도적 동향을 고찰하였다. 4장에서는 권리옹호와 컴플라이언스로 사회복지패러다임의 변화와 권리옹호, 사회복지서비스와 컴플라이언스의 필요성과 관계를 고찰하고 있다. 5장에서는 컴플라이언스 개념과 전개과정으로 컴플라이언스에 대한 정의와 과정에 대한 이론적 분석을 다루고 있다. 6장은 컴플라이언스 분석과 도입방안으로 컴플라이언스의 유형과 수행실태에 대한 실증적 분석을 시도하고 있다. 7장은 연구 결과를 바탕으로 컴플라이언스 도입에 따른 과제를 제시하고 있고, 마지막 8장에서는 컴플라이언스 매니지먼트의 실제 수행을 위하여 구체적인 행동원칙과 관련 사례를 제시하였다.

본 연구에서 권리옹호는 임상적 실천기술로서가 아니라 제도와 시스템을 통한 권리옹호를 의미하므로 변호와 대변을 포함하는 다양하고 광범위한 권리옹호 실천 활동을 대상으로 하지는 않는다. 또한 컴플라이언스는 조직 내의 규정과 법령 준수만을 의미하는 개념뿐만 아니라 복지의 가치규범과 윤리를 자발적으로 준수한다는 광의의 컴플라이언스 개념을 의미한다. 특히 사회복지에서 권리옹호와 컴플라이언스의 구조적 관계와 의의, 전개 동향 등에 대해서는 최근에 사회복지 기초구조 개혁을 통해 컴플라이언스를 권리옹호의 구체적 수단으로서 적극 활용하여 서비스 이용지원체제 구축을 시도하고 있는 일본의 논의를 초점으로 연구를 전개하였다.

본 연구의 내용을 세부적으로 제시하면 다음과 같다.

① 인권과 컴플라이언스

② 사회복지서비스와 이용자의 권리옹호

③ 권리옹호의 효과적 보장수단으로서의 컴플라이언스

④ 컴플라이언스의 개념과 구성

⑤ 컴플라이언스의 단계별 전개과정

⑥ 컴플라이언스의 유형별 분석과 수행실태

⑦ 컴플라이언스 도입 방안과 과제

본 연구의 방법은 비관여적 연구(이론연구)와 관여적 연구(실증연구)의 융합으로 수행하였다. 비관여적 방법은 연구내용 전체에 걸쳐 시계열적 자료수집과 경향성 분석을 위해 필요하고, 관여적 연구는 컴플라이언스의 수행실태 분석과 도입방안 도출을 위하여 비관여적 조사 수행으로 인해 발생하는 시간적 한계를 실증적 자료수집으로 보완하기 위해 필요하다.

첫째, 비관여적 연구는 조치와 계약, 권리옹호, 컴플라이언스 등을 주제로 전자저널(NDSL), 학술연구정보망(RISS), 국회도서관, 인터넷 전자서적, 일본 사회복지관련 대학과 사회사업연구소, 사회복지관련 연구자 등을 통해 수집한 자료－단행본(147건)과 학술논문(182건)－를 연구주제와 직접 관계되는 2차 자료로 선별하여 내용분석을 수행하였다. 이러한 비관여적 방법은 ① 사회복지서비스의 변화와 권리옹호의 필요성, ② 이용자의 권리옹호와 컴플라이언스의 관계, ③ 현재 논의되고 있는 사회복지 분야에서의 컴플라이언스의 유형 등의 이론적 분석을 위해 연구전반에 걸쳐 활용하였다.

둘째, 관여적 연구는 컴플라이언스의 유형별 분석에 따라 우리나라 사회복지기관들의 컴플라이언스 기준에 대한 이해와 도입상황을 평가하기 위해 수행한다. 모든 사회복지기관 및 시설들을 대상으로 연구자 단독으로 과제를 수행하기에는 한계가 있고, 또 본 연구는 컴플라이언스 도입과 수행방안에 대한 지속적 연구이행을 위한 시론적・예비적 연구의 수행이므로, 한국사회복지협의회에 등록되어 있는 대구광역시와 부산광역시의 노인복지시설(노인양로시설, 주・단기보호시설, 가정봉사원, 노인요양시설, 노인복지관) 100곳을 대상으로 자기기입식 설문조사를 실시하였다. 그러나 본 연구가 연구계획 설계당시에는 대구경북 지역의 종합사회복지관(40개)의 기관장에 대한 면접조사를 수행할 예정이었으나, 다음과 같은 이유에서 대상기관과 규모를 변경·확대하였다. 첫째, 복지관 기관장들에 대한 예비 조사 결과, 면접조사와 같은 대면조사보다 우편조사를 더 선호하였고, 직원들의 컴플라이언스에 대한 인식과 수행실태에 대한 조사의 필요성을 제기하였다. 둘째, 기관특성상 복지관은 계약과 같은 시스템에 의한 서비스 제공이 보편화되어 있지 않고 행정적 기준과 조치에 의한 대상자가 우선이므로 요양보험과 같이 계약과정이 필수적으로 수행되는 노인복지시설이 적절하다는 의견이 우세하였다. 셋째, 복지관의 상황에 따라 구조화된 면접에 맞추어 진술할 수 없는 부분이 발생하는 교란현상이 발생하였다. 이런 이유로 대상기관을 대구와 부산 2개 광역시의 노인복지시설로 변경·확대하고, 대상자는 기관장과 중간관리자, 일반 사회복지사 등을 포괄하였다.

조사방법은 면접법에서 질문지법으로 수정하였으나, 면접법에서 사용하고자 했던 구조화된 질문지 양식, 즉 컴플라이언스 관련 제도에 대한 인식과 컴플라이언스의 이론적 구조를 이루고 있는 기관 운영방침, 관리자 및 직원의 역할, 교육훈련, 서비스에 대한 통보방법, 사고대응, 고충대응, 자기평가 방법, 정보공개 방법 등 컴플라이언스 전개과정에 대한 구체적인 내용을 중심으로 컴플라이언스 수행 실태에 대해 분석·평가하였다.

부산과 대구 중심의 연구를 진행한 이유는 이용자 중심의 사회복지서비스를 지역별 특성에 부합하게 진행하기 위해서 연구자가 소속한 지역에 초점을 둔 기반적 연구를 진행한 후, 이 연구를 통해 컴플라이언스 도입의 타당성이 어느 정도 평가된다면 전국 단위로 지역블록을 확대하여 지역권역별 컴플라이언스 도입방안 연구로 확장시킬 수 있다고 판단했기 때문이다.

이러한 분석결과를 통해 컴플라이언스 시스템을 기준으로 한 유형과 행동기준과 같은 운영방향을 기준으로 ① 거버넌스형, ② 독립형, ③ 법령 준수형, ④ 이념 실행형, ⑤ 운영기준 알파형, ⑥ 전문성 추구형, ⑦ 대상자 한정형 등으로 구분한 유형과 대비·검토한 후, 효과적인 컴플라이언스 도입 방안과 그를 위한 과제를 도출해 내고자 하였다. 이 방법을 통해 연구자의 비관여적 연구방법에 의한 시간지체 등의 문제도 보완할 수 있으며, 지역사회 노인복지기관의 컴플라이언스 수행 수준과 특성들을 도출해 낼 수 있을 것이다.

연구 내용에서의 정보의 편향된 획득과 해석의 오류를 통제하기 위해 관련 분야의 교수 및 연구자 등 사회복지 연구자와 기관의 관리자를 비롯한 현장 실무자와의 전문가 회의와 평가회의 등을 통하여 연구 내용 및 과정에 대한 피드백을 수행하였다.

연구동향

컴플라이언스를 논의하기 위해서는 행정의 일방적인 사회복지 공급에서 클라이언트를 이용자로 보고, 선택과 결정을 지원하기 위한 계약 중심의 사회복지로 복지패러다임이 변화하는 동향, 즉 복지국가 재편동향 및 사회복지 제도개혁에 대한 기반적 연구의 검토를 통해 도입배경을 간접적으로 파악할 수 있다. 그렇지만 사회복지분야에서 권리옹호와 컴플라이언스라는 용어를 사용하여 제도적·관리적 수준에서 이론과 실증분석을 시도하고 있는 연구는 거의 찾아볼 수 없다. 그러므로 우선 권리옹호와 컴플라이언스의 배경과 관련분야에 대한 연구 동향은 공급자 위주의 복지에서 이용자 위주의 복지로, 조치에서 계약으로 전개되는 사회복지 시스템의 변화 동향과 제도개혁에 대한 논의과정에서 도출할 수밖에 없다.

권리옹호에 대한 제도적 연구는 노인·장애인 등의 복지서비스 이용에 대한 선택과 자기결정, 설명과 동의, 정보제공 등의 서비스 질 확보를 위한 방안으로 전개되어 왔다. 특히 학대나 소외, 빈곤 등에 노출되어 있는 노인·장애인 등이 처해있는 현실에 대하여 욕구충족을 다하지 못하고 있는 서비스의 문제상황에 대한 대안을 모색하고, 인권의식 등 복지제도의 이념변화를 배경으로 주체적인 서비스 이용보장을 지원하는 연구들이 전개되고 있다.

복지국가 체제개편과 관련하여 홍경준(2005)은 사회복지가 조직화되는 방식을 국가-시장-공동체의 결합구조로 파악하고, 한국 복지체제의 새로운 좌표로서 사회 서비스 영역의 일자리 창출을 위해 민간부문과 공공부문의 사회서비스 산업 활성화의 필요성을 강조하면서 건강과 교육 등 다른 전문직과의 연대를 통해 권력관계의 변화를 수반하는 복지패러다임의 전환을 주장하였다. 한편, 복지서비스 이용체제와 관련해서 정재욱(2005)은 일본의 복지서비스 이용지원 체제의 구조와 특징을 이론적 분석모형을 통해 분석하였다. 그 결과 사회복지시스템을 대상자의 자기실현과 인권보장에 대한 적극적 기여, 복지공급 시스템과 내부조직관계의 형성, 케어매니지먼트와 케어플랜의 중시, 케어매니저와 같은 전문가 중심의 운영체제로의 패러다임 전환으로 규정하였다.

조영훈(2005)은 일본의 공적개호보험을 사회보험의 외양을 갖추고 있음에도 불구하고 국가의 책임감소와 개인의 책임증가를 초래하는 신자유주의 개혁의 일환으로 규정하고, 공적개호보험이 초래한 결과들에 대한 종단적 비교분석을 통해 개호보험이 복지전달체계의 민영화와 서비스의 경쟁체제 도입, 국가부담 축소 등 불평등을 양산하는 불완전한 사회보장이라 규정하고 있다. 이러한 논의에서는 이용자 위주라는 복지체제는 경쟁 도입을 통해 불평등을 지향하는 것으로 간주될 것이다.

이가옥(2005)은 영국의 케어 제공자에 관한 정책연구에서 영국정부의 가족과 시장의 적극적 참여를 유도하는 케어정책과 제도를 고찰하였다. 국가의 적극적 개입을 확대하고 있는 케어정책으로 인해 영국의 케어정책은 비공식적 보호자에 대한 적극적 시민권 이념으로 기반을 다지고 있지만, 한편으로 케어를 구입하기 어려운 열악한 서비스 이용자들을 외면하는 방향으로 가고 있다는 비판에도 직면하고 있다는 것을 지적하고 있다. 김용득(2005)은 영국 커뮤니티케어의 이용자 참여기제에 대한 문헌연구를 통해 한국 장애인복지 서비스에서의 이용자 참여의 증진방안으로서 이용자에 대한 정확한 정보제공 시스템과 서비스 이용자들의 접근성이 보장되는 공식적인 이의제기 절차의 필요성을 제시하고 있다. 池田惠利子(2001)와 高山由美子(2001)는 권리옹호 시스템의 방향 및 과제 등에 대하여 정리하면서 서비스에 대한 사업자의 설명책임, 정보공개, 서비스 평가 등의 중요성을 역설하고 계약에 대한 지원, 행정과 사회복지협의회의 서비스 이용지원 체제, 서비스 이용 후 고충대응이 가능한 제도의 확충을 제안하고 있다. 河野正輝(1995)는 권리옹호 체제와 관련하여 사회복지의 새로운 원리로서 노인・장애인에 대한 자기결정・참가・권한강화를 키워드로 삼아 영국에서의 이론동향 분석을 통해 권리옹호의 과제를 도출하였다. 즉, 정보입수의 권리와 의무, 욕구판정에서의 권리, 서비스 결정과정에서의 동의와 선택권, 참가권에 대한 연구를 바탕으로 서비스 이용지원 체제의 과제로서 서비스 관리운영기준, 종사자의 질, 이용자의 관리운영 참가, 기관의 학대로부터의 보호, 고충처리절차 등을 제시하고 있다. 高野範城・荒中・小湊純一(2006)은 사회복지서비스가 2004년 이후 조치에서 계약에서 변화된 후, 권리옹호가 사회복지 관계자로부터 주장되고 있는 현실을 직시하고 오랫동안 복지현장에서 권리옹호 실천을 위해 활동해 왔던 경험을 살려 출생부터 사망까지의 권리옹호의 필요성과 전개에 대해 정리하고 그것을 컴플라이언스와의 관계에서 해석하고 있다. 이들의 연구는 기업현장에서 활용되던 컴플라이언스를 상대적으로 법령준수에 둔감했던 복지의 세계로 등장시킨 획기적인 시도라 평가받고 있다.

Doyle & Harding(1992), Galligan(1992) 등은 사회복지에서 자기결정이 강조하게 된 배경을 분석하여 클라이언트와 욕구의 변화, 공급시스템의 다양화, 복지 가부장주의(paternalism) 사상의 변화 등을 제시하고, 복지소비자로서의 자기결정・자기책임이 요구되는 상황과 서비스 이용자(user)로서 정보선택(informed choice)과 책임이 요구되는 상황을 키워드로 도출하였다.

이상과 같은 최근의 연구동향에서 두 가지 특징을 도출할 수 있다.

첫째, 사회복지 체제변동과 관련된 연구들은 생산・고용・복지가 융합된 복지국가 체제의 필요성과 사회적 서비스 산업의 활성화 전략 제시 등 거대담론 중심의 논의를 통해 복지국가 권력관계의 변화와 민간의 복지공급이 강조되는 다원주의 복지시스템의 구조변화를 강조하고 있다. 그러나 탈 생산주의화의 진행으로 인한 복지국가 시스템의 한계와 이용자 권리보호의 취약성, 그에 대한 대안으로서 등장하고 있는 이용자 지원을 위한 구체적인 복지시스템의 구조와 실현 수단에 대한 논의까지는 진행되고 있지 않다.

둘째, 권리옹호 시스템과 관련된 연구는 선택과 결정을 지원하는 이용지원 시스템에 대한 논의에 집중하여 영국의 커뮤니티케어의 이용자 지원 프로그램과 일본의 사회복지 기초구조의 개혁・개호보험 체제 등에 대한 분석을 통해 일정부분 특징과 유형, 과제와 함의 등을 도출하고 있지만, 서비스 이용에서의 이용자의 권리보호를 위한 구체적인 규칙과 기준 등 실효성 있는 권리옹호 시스템의 도입과 운용에 대한 구체적인 방안으로까지는 발전하지 못하고 있다.

본 연구는 신자유주의 복지체제의 등장에 따른 복지서비스의 계약형 중심으로의 성격변화, 이용중심의 서비스 변화에 맞추어 고령자 보호를 위해 요청되는 성년후견제도, 고령자의 학대 예방을 위한 제도적 대응과 권리옹호, 복지서비스 이용자 지원을 위한 권리옹호 시스템, 미국과 스웨덴을 중심으로 한 복지옴부즈맨 제도의 동향과 함의 등 서비스의 선택과 결정을 지원하기 위한 제도적 동향과 시스템의 구체적 운용현황, 권리옹호 연계 시스템 구축의 필요성과 그에 수반되는 과제 등을 검토하여 지금까지의 연구 성과들을 발전적으로 보완·확장하려는 시도를 하고 있다. 따라서 이와 같은 선행연구들의 성과를 바탕으로, 본 연구는 이용자 중심의 복지 서비스의 기본구조와 성격을 명확히 분석하여 권리적으로 취약한 복지서비스 이용자에 대한 구체적인 권리옹호 수단으로서 주목받는 컴플라이언스 도입방안을 구체화하고자 하였다.

CHAPTER 03 인권과 컴플라이언스

1 인권사상의 기원

2 인권과 사회복지

1. 인권사상의 기원

오늘날 인권이라는 개념은 좌우이념과 사상을 떠나 거의 모든 개인이나, 단체, 국가가 자신의 행동과 정책을 정당화하기 위해 내세우는 보편적 가치 또는 지구적 가치로 자리 잡았다. 현대에서 인권은 자유권, 재산권, 정치권, 문화권 등 매우 포괄적인 내용을 담고 있다. 이러한 다양한 요소들이 서로 부딪치기도 한다. 그러므로 어떠한 인권이 좀더 근본적인지를 판단하려면 인권이라는 진정한 가치와 의미를 이해해야 한다.

1) 인권의 본질

인권의 개념을 논의 할 때 가장 핵심적 요소는 권리가 무엇인가에 관한 문제이다. 권리(right)의 사전적 의미는 '인간이 인간답게 살기 위해 요구할 수 있는 자유와 서비스'이다. 이러한 권리의 정의에는 도덕적으로 '올바른 것, 합리적인 것, 합법적인 것, 정당한 것'이라는 의미도 담겨있다(최현, 2009). 그리고 권리란 처음부터 인간과 관련한 것이므로 특별한 수식어가 붙지 않는 한 인간의 것이라고 할 것이다.

인권을 논의할 때 '고유의 인권'과 '인권의 발견'을 구분하여 이해할 필요가 있다. '고유'의 경우에는 미국 독립선언문에서 서술하고 있듯이 인간적 본성 또는 자연적인 것과 관련되며 '인권의 발견'은 '인권이라는 사고방식'을 발견 또는 깨닫게 되는 의미로 사용된다.

'고유'와 '발견'의 구분은 현행 헌법 아래 오늘날까지 논의되어 온 '인권의 본질'에 대하여 우리에게 다음과 같은 의미에 대해 생각해 볼 것을 요구한다.

첫째 인권이 '고유'한 것이라면 우리들 인간 이전의 존재를 가정해야 할 경우도 생긴다. 만일 미국 독립선언문에 기술된 '신으로부터 받은' 문장을 그대로 이해한다면, '인권의 본질'은 신만이 알고 있다는 뜻이 된다. 그러므로 우리들 인간이 인권이란 무엇인지를 논의한다 해도 신의 의사를 확인할 방법이 없는 이상은 추측할 수밖에 없다. 결국 인권의 본질에 대한 그 자체가 큰 의미가 없게 될 수도 있다.

둘째, 인권이 '발견'이라면 발견한 것은 우리들 인간이기 때문에, 우리들 인간이 인권이란 무엇인지에 대하여 논의하고 해석할 여지가 생긴다. 인권의 발견에서 출발한다면 인권은 인간이 사회적 존재(social being)라는 것과 관련되므로 인간과 사회의 존재에 대하여 깊이 성찰할 필요가 있다.

이렇듯 인권의 개념과 본질은 우리 인간의 실존과 관련되어 있다는 것을 인식하면서 그것의 발견・해석 및 규정과 관련되는 각종 인권선언이나 법 규범을 이해하는 것이 중요하다.

2) 인권사상의 전통

인권사상은 크게 자연권(natural right) 전통과 국가의 의무(state obligation)에 관한 전통으로 나눌 수 있다(Ife, 2006).

자연권적 인권의 개념은 인권을 인류의 기본적 본성에 내재하는 것으로 본다. 즉 우리 모두는 권리를 가지고 태어났으며 이는 천부적이며 자연적으로 타고난 권리로 볼 수 있다는 것이다. 이러한 자연권적 기본권은 서구사회에서 존 로크의 자연법사상과 연관이 깊다.

존 로크의 자연법사상은 국가와 개인의 관계에 관한 정치철학을 발전시키기 위해 자연권의 개념을 적용한 것에서 비롯된다. 자연법철학은 미국의 독립선언문에서 다음과 같은 유명한 문구를 남기면서 지대한 영향을 미쳤다. "우리는 다음과 같은 사실을 천명하는 바이다 : 모든 인간은 평등하며 신으로부터 양도할 수 없는 권리를 부여받았고, 이는 삶과 자유 그리고 행복을 추구할 수 있는 권리가 그것이다." 이는 역사상 가장 유명한 자연권의 정의일 것이다.

이러한 자연권 사상은 200년 후 세계인권선언(Universal Declaration of Human Right)의 전문에도 다음과 같은 문구로 반영되었다. "모든 인간 고유의 본성과 동등하고 양도할 수 없는 권리의 인정은 전 세계의 자유, 정의, 평화의 초석이 된다." 그리고 이 선언문의 첫 조항은 다음과 같이 언급하고 있다. "모든 인간은 존엄성과 권리를 가지며 자유롭고 동등하게 태어났다. 또한 모든 개인은 이성과 양심을 부여받았으며 형제애 정신으로 서로 대하여야 한다." 이러한 자연권 개념은 무엇이 "공동의 인간성"인가에 대한 이해와 인류에 대한 탐색 방법으로써 인권담론을 이끌어 내고 있다. 또한 우리가 어떻게 인간의 진정한 본성을 이해해야 하는가에 대한 철학과 이론 등에 관한 논의의 세계로 이끌고 있다.

인권사상의 두 번째 전통은 국가의 의무에 관한 것이다. 이것은 인권을 시민에 대한 책임으로 보는 것이다. 이에 대한 심도 있는 고찰을 위하여 인권을 적극적 인권과 소극적 인권으로 구분할 필요가 있다. 이런 구분은 권리에 대한 관점의 차이로서 소극적 권리와 적극적 권리가 매우 상이하기 때문에 이를 구분하여 분석하는 것이 인권에 대한 이해를 보다 쉽게 한다.

소극적 권리란 표현의 자유를 누릴 권리, 공정한 재판을 받을 권리, 종교의 자유를 누릴 권리 등과 같이 국가에 의한 보호를 필요로 하는 것이다. 소극적 권리에 있어 국가의 역할은 위협, 차별 또는 독단적 체포, 구금 등의 두려움 없이 권리가 자유롭게 향유될 수 있는 환경을 제공하는 것으로 제한된다. 이러한 소극적 권리는 일반 시민들이 권리의 법적 보호를 받을 수 있도록 권리와 자유 등에 관한 법률, 법안, 헌장, 기타 입법적 조치 및 공정한 사업체계를 통해 획득될 수 있다.

이에 반해 적극적 권리는 단순히 국가의 보호뿐만 아니라 제공의 의무가 선행되어야 한다. 이는 교육권, 적절한 의료권, 주거권, 깨끗한 물에 대한 권리 등을 포함한다. 국가는 이러한 권리를 보호하기 위하여 단순히 법률을 제정하는 것만으로는 충분하지 않다. 국가는 법적, 사법적 구제뿐만 아니라 사회복지서비스나 프로그램을 제공해야 할 의무를 가지며 이러한 역할을 수행해야 한다.

3) 인권사상의 계보

시민권적 측면에서 인권사상은 1776년 미국 독립선언문에서 처음으로 명시되었다. 미국 즉, 아메리카 합중국의 특색은 민족대이동으로 이루어진 유럽 사회의 국민국가 형성과정과는 달리, 지구상의 다양한 문화권으로부터 서로 다른 문화를 배경으로 하는 다수 이민에 의해 형성된 사회, 곧 다민족, 다문화 국가이며 이민족과 이교도가 혼재한 국가이다. 이러한 배경 때문에 국민국가 형성과 사회통합을 위해서는 기본적 가치 그 자체가 개개인의 차이를 승인하고 또한 다수결 원리를 바탕으로 사회·국가의 의사를 결정하는 방법이 최선의 선택일 수밖에 없었다.

이후 인권사상은 미국 사회로부터 유럽 사회로, 또 전 세계로 확산되었다. 국제적으로 인권사상을 포함한 법률 제도가 도입되었고 각국이 서구의 법률을 이식하면서 국제연합에 의한 국제인권규약 체결 등이 이루어졌다. 인권사상의 침투와 제도적 보급이 확산된 것이다.

인권사상과 같이 '사상'이란 대다수 경우에 사회적·정치적인 의미를 가진다. 인권사상을 사회적·정치적으로 고찰해 보는 중요한 이유가 여기에 있다. 인권사상은 미국의 독립전쟁(1775~1783)과 1789년 프랑스 혁명을 통해 현실에서 시민권의 형태로 나타났다. 이들 국가들이 인권사상을 필요로 하는 이유와 의도는 미국 독립선언문과 1789년 프랑스 혁명의 인권선언으로 계승되었다.

이 두 나라 사이에는 '인권사상'이 필요하게 된 '사회적·정치적 상황'에 다음과 같은 몇 가지 차이와 관련된 물음을 제기할 수 있다.

첫째, 미국 독립선언은 이민족, 이교도의 혼재를 전제로 한 국가를 어떻게 만들 것인가?

둘째, 프랑스 인권선언은 국왕제의 해체에 의한 공화제 국가를 어떻게 만들 것인가?

이와 같이 독립이나 혁명이 필요한 각각의 상황에서 요구되는 정의는 미국 사회와 프랑스 사회가 크게 다를 수밖에 없다. 오늘날까지 계속되는 미국 사회의 난제는 대다수 이민족과 이교도인 이민사회에서의 방향키를 설정하는 것이다. 이는 미국 사회를 구성하고 있는 국민이 가진 각자의 '서로 다른 상황'을 승인하는 데에서 시작된다.

한편 프랑스 혁명에서 중요한 것은 국왕과 국민, 인간 모두가 태어나면서 평등하다는 평등적 자유와 천부인권 사상이다. 미국의 인권사상은 프랑스 국민에게 혁명의 근거인 정의를 제공한 셈이다. 우리들이 인권을 문제 삼을 경우에는 인권이 신으로부터 부여되었다는 표현과는 별개로, 즉 신의 존재여부와 무관하게 우리들 인간이 실존하고 있다는 데에서 인권의 본질을 생각할 필요가 있다.

[그림 3-1]은 미국 독립선언 전후를 발생시기로 하는 인권사상이 영국의 정치사상, 특히 로크의 영향을 받아 제도화 된 계보를 보여주고 있다. [그림 3-2]는 17세기 이후의 시민사회 형성기로부터 국가의 역할 변천을 보여주며, 특히 무의식 세계에 대한 발견과 해석의 진보가 그 후 인권 내용에 영향을 미치게 된 것을 보여준다.[1]

1 의식 영역에 입각한 서양철학은 무의식 영역의 발견으로 크게 동요하고 전환되며, 또한 현대 무의식 영역의 연구와 해명, 뇌 과학의 발달은 사회복지전문직에 의한 복지서비스 니드 파악과 권리옹호 사이에서 그 중요성이 인식되었다.

선언 및 제도의 계보			철학사상의 계보
왕정	민주정		
영국 권리장전	버지니아헌장 (1776. 5)	미국독립선언 (1776. 6)	– 로크(경험주의) – 루소(사회계약설) – 칸트(순수이성)
독일바이마르헌법	프랑스인권선언 (1789)		• 행위이해의 영향 – 프로이트(무의식) – 사르트르(실존주의) – 레비-스트로우(구조주의)
	근대국가의 헌법	미국수정헌법	
현대국가의 헌법			

출처 : 志田民吉(2006).臨床に必要な人權と權利擁護. p. 14

[그림 3-1] 인권사상 및 제도의 유래와 계보

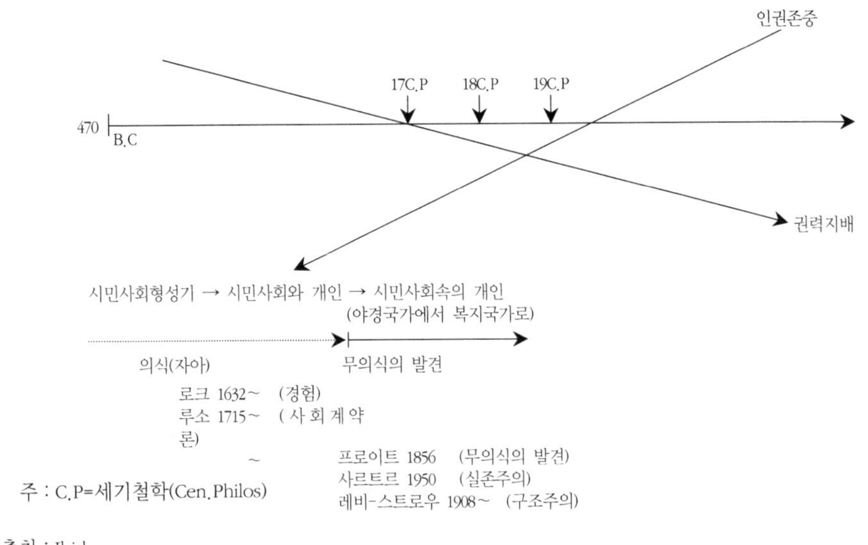

출처 : Ibid

[그림 3-2] 철학 및 인권사상과 국가의 역할

4) 미국 독립선언문과 프랑스 인권선언의 내용과 특징

미국 독립선언문은 1776년 6월 28일 대륙회의(continental congress)에 제안되

었다. 이 선언은 초안자 토마스 제퍼슨의 사상이라기보다는 당시 미국인의 정신의 표명이며, 로크(John Locke : 1632~1704)의 생명운동(vital motion)과 자연권 사상이 미국적 환경에서 정신적 풍토로 형성된 것이었다(高木・末延・宮澤 編, 「人權宣言集」 岩波文庫 : 113).

이 선언문의 요지는 모든 인간은 평등하며 신으로부터 양도할 수 없는 권리를 부여받았고, 이는 삶과 자유 그리고 행복을 추구할 수 있는 권리라는 것이다. 이것이 자명한 진리란 것을 우리들은 믿고 있다 :

We holds these truth to be self-evident that all men are created equal, that they are endowed by their Creator with certain inalienable Rights, that among these are Life, Liberty, and the pursuit of Happiness.

프랑스 인권선언[2]은 1789년 8월 26일 프랑스 헌법제정회의가 채택한 선언이다. 이 선언은 미국 독립선언 및 각주, 특히 버지니아주 권리선언을 바탕으로 하고 있다. 미국에서는 각종 선언이 미국 독립전쟁에 종사한 사람들에 의해서 배포되고 그 내용이 번역되어 권리선언 초안에 영향을 미쳤다. 이런 경위는 프랑스 인권선언의 사상적 바탕이 17세기 이후 식민지 또는 청교도의 자유 독립에 대한 요구, 그들의 모국인 중세 이후의 영국 자유주의적 전통에서 유래하고 있다는 것을 의미한다.

사람은 자유롭고 평등하게 태어나 존재할 권리를 가지며, 사회적 차별은 공공이익을 근거로 할 때만 허용되며(제1조), 법은 일반 의지의 표현이라는 규정(제6조)에서는 루소(Jean-Jacques Rousseau : 1712~1778) 사상이 표현된 것이다.

프랑스 인권선언은 1791년 9월 3일 프랑스 헌법에 계승되어 이후 많은 국가의 헌법 내용에 영향을 미쳤다. 이상에서 프랑스 인권선언의 특색은 ① 18세기의 철학적 요구이며, 인간사회에 공통하는 보편적 원리이며, 사람의 본성에서 분출하는 자연권이며 인간인 이상 당연히 그 귀속을 받는 것이라는 점, ②

2 정확한 명칭은 〈인간과 시민의 권리선언 : Déclaration des droits de l'homme et du citoyen〉

개인주의적 경향을 가지며 모든 정부 및 사회는 개인 및 그 행복을 궁극의 목적으로 하는 사상이 흐르고 있다는 것, ③ 시민계급 중심적 경향을 지니며, 그것은 시민의 평등 존중과 시민 소유권 보장으로써 나타나고 있다는 것이다. 평등 규정은 종래 봉건적 특권계급 폐지로, 소유권 보장은 시민의 지본가적 활동을 촉진하고 자본주의 경제발전 및 시민계급 융성의 길을 열게 하였다.

「인간과 시민의 권리 선언」 프랑스 국민의회, 1789

1789년 8월에 프랑스헌법제정회의가 채택한 「인간과 시민의 권리선언」은 프랑스 혁명을 북돋우는 원칙을 담은 인권과 관련해서 가장 중요한 문서 가운데 하나이다. 이 선언의 17개 조항은 1791년에 제정된 프랑스헌법과 1793년 헌법, 1795년 헌법의 전문이 되었다.

프랑스헌법제정회의를 구성하고 있는 프랑스 인민의 대표자들은 인권에 대한 무지, 망각 또는 멸시가 공공의 불행과 정부의 부패를 초래하는 유일한 원인이라고 생각하여, 인간의 자연적이고 양도할 수 없는 신성한 권리들을 엄숙히 선언으로 제시할 것으로 결의한다. 그 목적하는 바는 사회 전체의 모든 구성원에게 항시 이 선언을 제시하여 그들의 권리 및 의무를 떠올리게 하고, 입법권의 행위 및 행정권의 행위를 언제나 모든 정치제도의 목적과 비교하여 더욱 더 존중하고, 시민의 요구가 앞으로 간결하고도 자명한 원칙에 기초하여 헌법을 항상 유지하면서 다 같이 행복을 지향하도록 하는 데 있다. 그 결과 헌법제정 회의는 지고의 존재 앞에서 그 가호를 받아 인간과 시민의 권리를 아래와 같이 승인한다.

제1조 인간은 자유롭고 평등하게 태어나 존재할 권리를 가진다. 사회적 차별은 공공이익을 근거로 할 때만 허용된다.

제2조 모든 정치 결사의 목적은 인간의 소멸할 수 없는 자연적 권리를 보전하는 데 있다. 이 권리란 자유, 재산, 안전, 압제에 대한 저항이다.

제6조 법은 일반의지의 표현이다. 모든 시민은 개인으로나 대표자를 통하여 법 제정에 참여할 권리를 갖는다. 법은 보호하는 경우에나 처벌하는 경우에나 모든 사람에게 동일하게 적용되어야 한다. 모든 시민은 법 앞에 평등하므로 그 능력에 따라서, 그 덕성과 재능의 차별 외에는 평등하게 공적인 위계, 지위, 직무에 취임할 수 있다.

제7조 법이 전한 사유를 제외하고는, 또한 법이 규정한 절차에 따르지 않고는 어느 누구도 소추, 체포, 구금될 수 없다. 자의적 명령을 요청, 발령, 집행하거나 집행시키는 자는 처벌되어야 한다. 그러나 법에 따라 소환되거나 체포된 시민은 누구나 이에 즉각 복종해야 한다. 이에 저항하는 것은 범죄가 된다.

제10조 어느 누구도 자신의 의견을 표명할 때 그것이 종교와 관련된 것일지라도 법으로 설정된 공공질서를 문란하게 하지 않는 한 방해를 받지 않는다.

제11조 사상과 의견의 자유로운 소통은 인간의 가장 귀중한 권리의 하나이다. 따라서 모든 시민은 자유롭게 말하고 쓰고 출판할 수 있다. 다만 법에 규정된 경우대로 이 자유의 남용에 대해서는 책임을 져야 한다.

제17조 소유는 불가침의 신성한 권리이므로, 적법하게 확인된 공공 필요성이 명백히 요구하는 경우는 정당한 사전보상이 제시된 조건이 아니며 어느 누구도 이 권리를 침해당하지 않는다.

2. 인권과 사회복지

국제연합은 1948년 12월 12일에 국제연합 인권위원회가 작성한 '세계인권선언(The Universal Declaration of Human Right)'을 채택하여, 모든 인류와 국가가 달성해야 할 공통의 기준을 마련하였다.[3] 또한 국제연합은 1966년 '경제적·사회적·문화적 권리에 대한 규약(A 규약 또는 국제사회권규약)'과 '시민적·정치적 권리에 대한 규약(B 규약 또는 국제자유권규약)'을 채택하였고, 이에 따른 실시조치인 의정서(protocol)는 국제인권법의 초석이 되는 주요 문건인 '국제인권장전'을 구성하게 되었다. 국제인권장전은 개인의 고유한 존엄성을 인정하고, 그러한 존엄성을 인권으로서 인식하여 보편적 가치를 부여한 데에 중요한 의의가 있다. 여기에서는 '인권이란 무엇인가'를 생각하기 위하여 인권의 성격에 대하여 규정하고 있는 부분을 연대기 순으로 분류하고 사회복지적 의미와 권리옹호를 위한 과제를 고찰하고자 한다.

1) 인권선언과 인권제도

(1) 국제연합헌장(The Charter of The United Nations)

한국은 국제연합 가맹국이며(국제연합 헌장 제19장, 제110조 1 : 이 헌장은 서명국 각자에 의해 각자의 헌법상의 절차에 따라 비준되어야 한다), 국제연합 준수의무를 가지고 있다. 인권에 관한 사항은 경제사회 이사회 속의 인권위원회에서 다루어졌으나(국제연합헌장 제62조 2~4항), 2006년 3월 국제연합 조직개편에 따라 현재는 국제인권이사회에서 다루고 있다. 이 조직 개편은 인권사항에 대한 국제사회의 관심의 고조와 국제사회의 성숙도를 보여주는 것이기도 하다.

국제연합헌장은 인종·성별·언어·종교의 차이를 불문하고 모든 인류의

3 국제연합 인권위원회에 '국제 인권장전'을 위임하여 작성되었다.

권리와 기본적 자유를 증진시키고 촉구하기 위해 국제협력을 이루는 것을 목적(제1조 3항)으로 한다고 밝히고 있다. 인권조항을 담은 국제연합헌장은 인권이 보편성을 가진다는 것을 세계에 공식적으로 공표하였다.

(2) 세계인권선언

세계인권선언의 전문은 '인류사회 모든 구성원의 고유한 존엄과 평등, 양도할 수 없는 권리를 승인하는 것은 세계의 자유, 정의 및 평화의 기초이므로……(*Preamble Where recognization of the inherent dignity and of the equal and inalienable rights of all members of the human family is the foundation of freedom, justice and peace in the world,*…) 라고 밝히고 있다. 세계인권선언은 제2차 세계대전 이후의 각국에 제시된 선언으로서 가맹국을 구속하고 강제하는 법적 성격을 가진 것은 아니지만, 국제연합에 의해 채택되어 국제사회에 있어서 법적 지위의 확립이나 국제관습으로써의 지위를 획득한 국제인권보장 프로그램이다. 또한 국제인권규약의 해석기준이며 국제협조주의에 따른 대한민국 헌법의 인권보장 해석의 근거이기도 하다.

(3) 헌법

한국에서 근대적 의미의 인권관념의 보급과 기본권보장제도가 확립된 것은 제2차 세계대전 이후의 일이다. 1948년 3월에 군정법령에 의하여 도입된 구속적부심사제도(拘束適否審査制度)가 최초의 기본권보장 제도의 등장이라 할 수 있다. 그 해 7월, 헌법 제정으로 서유럽식 기본권보장제도가 도입되고, 이에 따른 기본권 이론도 다양하게 전개되었다. 그 뒤 1960년 제2공화국 헌법에서는 기본권의 보장을 보다 강화하여 자유권에 대한 법률유보 조항을 삭제하였고, 법률에 의한 기본권의 제한도 기본권의 본질적 내용을 훼손할 수 없게 하였다. 또 언론·출판·집회·결사의 자유를 더욱 확대하였다.

1987년 제6공화국 헌법은 기본적 인권의 자연권성 내지 천부적 인권성을 보다 명확하게 규정하였고, 사생활의 비밀과 자유의 불가침, 환경권 등 여러 가지 현대적 유형의 인권을 새로 규정하였다. 또한 죄형법정주의를 보다 명확하게 규정하였으며 국가적 의무를 크게 강화하였고, 자유와 권리에 따르는 책임과 의무를 환기시켰다. 그리고 정부에 의한 부당한 기본권 침해를 예방하려 하였으며, 국회에 의한 통제를 규정함으로써 대통령의 긴급권 남용으로 인한 기본권침해를 방지하고 있다. 그리고 기본권보장을 그 사명의 하나로 하는 사법권의 독립을 강화함으로써 행정권에 의한 기본권 침해에 대한 사법적 구제도 어느 정도 기대할 수 있게 하였다.

헌법에서 규정하는 기본적 인권의 이해에는 미국의 독립선언문이나 프랑스 인권선언 등의 각종 인권선언이나 국제적 규약 등이 어떤 사회와 그 구성원을 예정하며, 어떠한 이익을 지킬 것을 가장 중요한 것으로써 생각하고 있는지를 고려하고, 이를 바탕으로 용어 용례 등의 해석에 있어서도 배려해야 한다. 예를 들면, 인권에 대하여 미국 독립선언문은 '신에 의해 주어진 것'으로, 프랑스 인권선언에서는 '자연권', 세계인권선언에서는 '고유의 권리'로 표현하고 있다. 우리나라는 '개인이 가지는 불가침의 인권(헌법 제10조)'이라 표현하고 있다. 이러한 차이는 해당 사회의 문화적 배경으로부터 발생한다고 할 수 있으므로, 이러한 문화적 특성을 이해하는 것은 올바른 인권의 이해를 위해서 필요하다.

이와 같은 인권과 권리의 유래를 도식화하면 〈표 3-1〉과 같이 제시할 수 있다.

〈표 3-1〉 인권과 권리 제도의 유래

<table>
<tr><th>사회목적</th><th colspan="3">목적(사람들의 편안한 생활)</th></tr>
<tr><td rowspan="5">수단</td><td rowspan="2"></td><td rowspan="2">사회(집단)</td><td>질서(목적과의 상관성)의 필요성
↧</td></tr>
<tr><td>질서 유지를 위한 선택지로서의
ㅡ종교
ㅡ도덕
ㅡ관습
ㅡ법
↧</td></tr>
<tr><td colspan="2" rowspan="2">인권・권리 내용을 규정 ↤</td><td>우리나라 사회의 형태
↧
헌법・조약
법령(법률, 명령, 규칙, 조례)
판례(선례)
조리
↧</td></tr>
<tr><td>법원(질서 기준) ↦ 법원(권력)</td></tr>
</table>

헌법의 인권규정 개요와 관련하여 살펴보면, 인권은 헌법에서의 개념이며 국가권력에 대한 국민의 기본권 보장의 문제이다. 그러나 복지 현장에서는 인권에 상당하는 국민 이익의 처분 문제와 인권과 권리 용어사용에서의 혼란을 종종 발견할 수 있다.

인권규정은 어떤 특정 사회(국가)가 그 사회에서 생활하는 시민(국민)의 특정 이익(기본권)을 침범하지 아니할 것을 제도적으로 보장한 것이다. 이러한 의미에서 헌법에서 규정하는 인권규정은 국민을 향한 것이 아니라 국가 권력을 행사하는 입장에 있는 위정자의 침해 행위에 대한 것이라고 할 수 있다. 법률에서 규정하는 권리 내용에는 개인 사이에서 침해당하는 인권에 해당하는 이익도 포함되어 있지만, 인권에 해당하는 중대한 이익 보장은 사회 전체가 판단하는 절차인 법률로서 규정하고 있다. 따라서 일상생활에서의 행위규범을 어떠한 것으로 할 것인지는 국민 개개인이 대표자를 통하여, 개별적으로 법률로써 정한다.

인권개념과 구별된 권리개념은 법률 차원의 것이며 복지서비스 이용과 관련하여 상대방에게 일정한 행위를 요구하는 청구권의 대부분은 민법에서 규정하는 계약, 사무관리, 부당이득, 불법 행위를 원인으로 발생하는 것이다. 또한 헌법의 인권 규정의 이익 내용은 해당 사회의 특성과 함께 국민의 어떠한 이익을 어느 정도 보장하는 것이 적당할 것인가의 규범과 기준은 항상 변하고 있으므로, 그 시대에 생활하는 국민이 판단해야 한다. 우리 헌법에서는 자유권적 기본권, 사회권적 기본권, 기타 기본권을 규정하고 있다.

헌법의 기본권 규정을 보다 구체적으로 살펴보면, 자유권적 기본권은 국가로부터의 자유와 평등으로써 자기책임에 의해 성립하는 자기결정의 존중을 원칙으로 한다. 단 개인은 그 사회의 구성원인 이상, 본인이 소속한 사회의 다른 구성원의 의사를 배려해야 할 것이다. 자유권적 기본권에 대한 법원의 판단도 개인과 전체와의 관계에서 쌍방의 이익을 적극적으로 보장하려는 방향으로 변화하고 있다.

자유권적 기본권에는 평등한 보장, 사상과 양심의 자유, 종교의 자유, 집회・결사・표현의 자유, 거주이전과 직업선택의 자유, 학문의 자유, 재산권 보장, 신체의 자유가 예시되고 있다. 헌법상의 규정은 예시적 규정에 불과하므로, 조망권, 혐연권, 일조권 기타 쾌적한 생활을 위한 이익 등 이른바 새롭게 나타나는 이익의 종류를 어디까지 헌법상 인권으로 보장할 것인지에 대해서는 신중한 판단이 요구된다. 예를 들어 일조권은 건축기준법 등의 개정에 의해 일조권으로써 확보되는 일조시간이 정해져 있고, 심신의 건강과의 관계에서 헌법상의 인권으로서도 인지되고 있다고 할 수 있다.

사회권적 기본권은 자신의 행위에는 자신이 책임을 진다는 의미가 내포하며 개인의 자유를 전제로 하여 국가나 지방공공단체 등 국민의 이해관계자들과 관련되고 있다. 사회권적 기본권의 법적 성격에서 보면, 요양시설에서의 케어는 지방공공단체의 조치의무에서 파생되는 반사적 이익으로도 볼 수 있으나 공적 보험계약과 같이 개인이 급부이용을 보다 선택적으로 누릴 수 있는 적극적 권리로도 해석할 수 있다. 헌법 제34조 생존권의 법적 성격에 대해서는 일반적으로 입법권에 대한 정치적·도의적 의무라고 이해하는 프로그램 규정설, 헌법상의 생존권 규정을 구체화하는 법률에 의해 청구권이 정해져 있을 때에는 권리침해에 대한 구제를 법원에 청구할 수 있다는 추상적 권리설, 입법권의 부작위가 위헌이라는 확인을 법원에 청구할 수 있다는 구체적 권리설이 있다.

헌법은 사회권적 기본권으로서 생존권 규정 외에 교육을 받을 권리, 노동자의 단결권 및 단체행동권을 규정한다. 이들 헌법 규정을 바탕으로 각종 법령에서는 예를 들어 적정 임금 및 유급 휴가, 공공부조 권리 등이 정해져 있다. 그리고 헌법은 자유권적 기본권이나 사회권적 기본권 외에 국민주권에서 나오는 권리로서 '국가의 의사결정에 참가할 권리'나 시민적 법치 국가의 이론에 의한 '청원권', 공공단체에 대한 '배상청구권', '재판을 받을 권리' 등의 수익권에 대해서도 규정하고 있다.

(4) 국제인권규약

국제규약 전문에서는 '이 규약의 당사국은 국제연합 헌장에 있어서 선언된 원칙에 따라 인류사회 모든 구성원의 고유한 존엄 및 평등과 양도할 수 없는 권리를 승인하는 것이 세계에서의 자유, 정의 및 평화의 기초를 이루는 것이라는 점을 고려하여, 이들 권리가 인간의 고유한 존엄에 유래하는 것을 인정하고, 세계인권선언에 따라 공포 및 결핍으로부터의 자유를 향수하려는 이상은 모든 인간이 그 시민적 및 정치적 권리와 함께 경제적, 사회적 및 문화적 권리를 향수할 수 있는 상태를 만들어낼 수 있는 경우에만 달성할 수 있다는 점을 인정하고, 국제연합헌장이 각국에 부과하고 있는 인권 및 자유의 보편적인 존중 및 엄수를 촉진할 것을 고려하며, 개인이 타인 및 그가 속하는 사회에 대하여 의무를 지고, 이 규약에 있어서 인정되는 권리의 촉진 및 엄수를 위하여 노력할 책임을 가진다는 것을 이해하면서 다음과 같은 제 규정을 협정한다'(http://www.ohchr.org/english/law/ccpr.htm)고 명확히 규정하고 있다.

A규약(사회권적 기본권)은 그 기본권의 성질로부터 '이 규약에서 인정되는 권리의 완전한 실현을 점진적으로 달성하기 위하여(제2조 제1항)'라고 규정하여 각국의 사정에 따라 적용하고 그 권리 실현이라는 결과의 의무만 확인하며, 그 실현 수단은 각국의 선택에 맡기고 있다. 나아가 A 규약은 '조치 및 권리의 실현 …중략…에 관한 보고'(제16조 제1항)를 국제연합에 제출하도록 각국에 의무를 부과하고 있으며, 이는 국제연합인권이사회의 평가대상이 된다.

인권의 국제적 효력은 '조약 체결, 조약 내용 준수의무의 발생, 공약 공포 절차'에 따라 발효된다. 우리나라는 이미 국제연합 헌장에 의해 일반적 의무를 지고 있으며 인권규약에 의해 그 의무가 구체화되고 있다. 국제화는 각 사회의 문화와 사회, 경제적 특성이 상호 영향을 끼치고 또 융합시켜, 형식적이고 균질적인 사회를 형성시키고 있다. 앞으로 우리나라에서는 다양한 문화를 지닌 사회의 집합체인 국제사회와 어떻게 조화를 이루고 또 한편으로는 우리의 고유성을 어떻게 형성해 나갈 것인가가 핵심 과제가 될 것이다.

사회복지측면에서는 복지서비스의 인력확보와 외국인 근로자의 과제, 특히 경제적 이유로 인한 외국인 난민에 대하여 우리나라는 어떠한 정책을 마련해야 할 것인지가 매우 중요한 과제가 되고 있다. 국제화에 수반하는 다른 문화와의 교류는 다양한 사회 · 문화의 고유성 보장 차원에서 이해해야 할 것이다.

2) 이용자의 욕구와 사회복지사의 과제

복지서비스 이용자의 정확한 욕구 파악은 복지서비스 급부에서 다른 어떤 것보다 중요하다. 보다 정확한 욕구파악을 위하여 필요한 전문적 지식이나 기술을 습득할 수 있도록 인재양성 과정에 대한 교과 과정 내용 검토나 교재개발이 필요하다. 19세기에 인간의 무의식 영역이 발견되고 또한 인간행동의 대부분은 의식화 영역의 너머에 있다는 것도 오늘날에는 널리 알려진 사실이다.

서비스는 욕구 충족에 의의가 있으며 그 욕구는 단순히 이용자 본인의 언어로써 명확히 전달되는 데에 그치지 않고 본인의 의식화되어 있지 않은 욕구, 태도, 몸짓 등의 전반적으로 발산되는 신호로써도 파악되어야 할 것이다. 그리고 명확하게 정신질환으로 분류되지 아니하는 인격적 장애를 포함하여 생활장애 상태에 있는 시민들의 잠재적 규모는 구체적으로 알려져 있지 않고 있다. 더욱이 복지서비스 실천현장에서도 중요한 주제로써 주목을 받지 못하고 있다. 이러한 상황에서는 다양한 신호를 보다 적절히 파악할 수 있는 지식이나 기술 습득이 사회복지사의 전문적 자질로서 요청된다. 즉, 권리로서 옹호되어야 할 이용자의 궁극적 이익은 '마음'과 무의식의 영역에 존재할 수 있으므로 마음의 감지기를 민감하게 작동시켜 이용자의 무의식적인 의사를 파악할 수 있어야 할 것이다. 이러한 능력이 결여되면 권리침해의 결과를 낳아 결국 계약 위반 등의 법적 책임 대상으로 될 수 있는 시대가 눈앞에 와 있다.

요양보험제도나 기타 처우 방법의 정도가 인권에 관련된 법률상 문제가 어떠한가에 대해 사회복지 임상실천에서 판단하는 것은 실제적으로는 곤란한 일이며 또한 합리적인 것도 아니라고 생각한다. 사회복지임상실천에서 필요한 이해는 인권사상이며 인권 사고방식의 유래를 숙고하고 또 그 사회적 필요성을 이해하여 일상의 실천에 반영시켜 나가는 것이 오히려 더 중요할 것이다.

사회복지실천현장에서 중요한 것은 인권침해에 관한 분쟁과 소송에 대한 대책이 아니라 리스크매니지먼트와 같이 인권침해의 발생을 방지하기 위한 노력들, 즉 인권을 복지서비스에 반영하고 복지서비스를 이용할 수 있도록 촉진하는 실천이라 할 수 있다. 이러한 의미에서 사회복지사는 인권사상을 이해하면서 사회복지실천현장에서 조우하는 각종 권익에 대한 적절한 대응과 함께 그 절차의 효과적 보장을 위하여 노력해야 할 것이다.

3) 사회복지전문직의 책임근거와 권리 옹호

사회복지전문직은 주로 복지서비스 급부에 관계하며, 복지서비스는 사람들의 생활에 관한 내용이 대부분이다. 생활에서의 장면은 대등한 입장 사이의 조정이며 그 조정기준을 어디에 둘 것인가는 당사자인 국민 스스로의 합의에 의해 결정된다. 이러한 결정체가 법률이다. 여러 가지 법률은 국민 서로간의 입장이 교차되는 호환성을 전제로 규정되고 있다. 원칙적으로 국민상호간의 이익조정은 중립적이고 공정한 태도를 기본적으로 요구한다. 서비스 이용당사자 사이의 조정이 중립과 공정을 기본으로 하면서 선입관 · 편견 · 예단과 같은 태도를 경계하는 이유도 여기에 있다.

권리란 일반적으로 법률에 의해 보장되는 국민의 이익이라는 의미로 사용된다. 그러므로 인권은 헌법 차원에서, 권리는 법률 차원에서 사용되는 용어라 할 수 있다. 법률의 핵심은 '사회정의(social justice)'이다. 또한 사회복지 전문영역에서 강조되는 '권리옹호'는 법적인 용어라기보다 사회복지 전문직 영역에서 발생한 용어라 할 수 있다. 그러므로 권리실현을 위한 노력행위로서 법률과 사회복지 영역의 특성에 따라 차이가 난다고 할 것이다.

헌법은 국가와 국민의 관계를 정하고, 국민 사이의 관계는 국민의 합의에 의한 법률로 정하게 된다. 헌법이 국민에게 보장하는 인권의 틀 속에 포함되는 이익이란 국가로부터가 아니라 동일한 국민으로부터 침해당하는 경우도 일상적으로 발생할 수 있다. 이 경우 〈표 3-2〉과 같이 국민의 인권을 위협하는 심각한 침해행위에 대처하기 위한 법적인 근거를 직접적으로 헌법의 인권규정에서 구할 것인가(직접적용), 아니면 그 침해행위에 따라 대처할 것인가(간접적용)로 견해가 나눌 수 있지만, 후자로 보는 입장이 일반적이다.

〈표 3-2〉 인권과 권리

헌 법	법 률
인권 국가(사회) 대 국민(시민)	권리 국민(시민) 대 국민(시민) 인권에 상당하는 이익은 사회적 대응 기타 사회 및 일상적 이익은 당사자 사이의 대응
재판소(법령 심사권)	

권리옹호에서 '권리'로써 보장되어야 할 국민의 이익 속에는 헌법이 보장하는 인권에 상당하는 이익부터 일상생활 전반에 필요한 광범위한 이익까지 포함되어 있다. 복지서비스 이용에 대해서는 인권에 상당하는 이익과 그 이외의 이익에 대응하는 방식에서 차이가 일어나므로 권리옹호 차원에서 복지서비스 법률을 이해할 때에는 세심한 주의가 필요하다.

사회복지전문직 영역은 복지서비스의 적절한 이용촉진과 깊은 관련을 맺는다. 복지서비스 급부 결정은 아동복지법이나 노인복지법, 장애인복지법 등 사회복지서비스 법에 공통적인 규정으로서 작용하는 사회보장기본법, 사회복지사업법과 같은 사회보장과 사회복지서비스에 관한 기본법에 근거하고 있다. 특히 사회복지사업법 제2장의 2(33조의 2~33조의 7) 사회복지서비스의 실시 규정을 바탕으로 하면서 필요한 법률이나 제도 지식의 우선순위가 고려되어야 할 것이다.

복지서비스 이용은 서비스 이용 욕구를 가진 당사자가 이용 여부를 판단하는 것이 기본이다. 따라서 서비스 신청에 따른 적절한 복지서비스 정보의 제공과 확보에 대한 법적 규정 설치가 필수적이다. 복지서비스 이용판단은 복지서비스에 대한 정보를 참고로 행해지는 것이 일반적이므로, 정보공개나 개인정보 보호의 이해도 필요하다. 또한 복지서비스 이용자의 상황을 고려해 보면 서비스 이용에 대한 효과적 지원제도에 대한 법적 규정도 필요하다. 복지서비스 급부가 민간공급 체계를 중심으로 하는 이용권 활용이나 요양서비스 계약과 같은 형태로 제공되면 법률상 효과가 발생하는데 필요한 '본인 의사표시'와 성년 후견제도와 같이 본인 의사를 대리하는 제도도 이해할 필요가 있다. 또한 복지서비스 이용촉진을 위한 고충해결 제도 등 복지서비스의 적절한 이용을 지원하기 위하여 서비스 이용과정에 부수되는 서비스 이용지원을 통한 권익 보호를 목적으로 하는 제도에 대한 법률적 지식과 이해도 필수적이다.

권리옹호와 컴플라이언스

- 1 사회복지패러다임의 변화와 권리옹호
- 2 사회복지서비스와 권리옹호
- 3 권리옹호를 위한 컴플라이언스

1. 사회복지 패러다임의 변화와 권리옹호

1) 사회적 리스크의 변화와 복지국가

1970년대 후반부터 80년대 전반에 걸쳐 선진국가에서 제기된 '복지국가의 위기'는 세계화에 의해 초래되었다 해도 과언이 아니다. 세계화된 자본주의는 각국의 사회보장에 큰 영향을 끼쳐, 다수 국가에서 사회보장의 민영화가 추구되었고 모든 영역에서 민영화가 가능할 것인가 논란도 많았으나 사회정책 영역에서 부분적인 민영화나 준시장의 형성으로 나타나게 되었다.

1980년대 복지국가는 신자유주의의 공세에 대하여 예상이외의 저항력을 보였지만, 복지국가 재편을 통해 안정성과 지속가능성을 실현하기 위한 시도는 계속되고 있다. 각국의 구체적인 제도개혁은 매우 다양하지만 안고 있는 문제에 있어서는 공통점을 볼 수 있다. 그것은 복지와 노동관계의 재편이라는 과제이다. 지금까지의 복지국가는 사회적 리스크에 대한 대응으로 노동중심의 복지를 제공해 왔다고 할 수 있으며, 이것을 Esping-Andersen은 생산주의(productivism) 복지국가라 규정했다. 이런 방식은 특정 리스크를 바탕으로 사회보험제도 등으로 수급자격을 설정한 후, 예상된 리스크가 현실화된 경우에 급부를 행하고 사회부조로 사회안전망을 확충하는 형식을 병행해 왔다. 자유주의적 복지국가는 「복지가 아닌 노동」(work, not welfare)을 원칙으로 하는 체제이며 공공복지는 시장을 통한 복지실현에 실패한 경우에만 예외적으로 제공된다(Espin-Andersen, 1999). 반면 보수주의적 복지국가는 노동시장에서의 위치에 따라 직능별 사회보험제도를 중심으로 「노동을 통한 복지」(welfare through work)를 원칙으로 한다. 스웨덴과 같은 사회민주주의 복지국가는 평균적 생활수준을 보장하는 보편주의 원칙이 도입되어 노동과 복지의 분리가 실현되고 있는 것처럼 보이지만, 적극적 노동시장정책에 의한 잉여 노동력의 재훈련, 재배치가 복지국가 정책 속에 포함되어 있다. 즉, 완전고용이 보편주의원칙의 전제가 된다. 따라서 사회

민주주의 모델은 개인의 노동능력과 복지의 관계는 매우 희박하지만 국가가 「복지와 노동」(welfare and work)을 함께 제공하는 시스템이라 할 수 있다(Goodin, 2001 : 13-14). 자유주의적 복지국가에서는 복지가 개인의 시장에서의 역할 수행과 직접 연결되지만 보수주의는 개인의 능력이 직능집단에의 귀속을 통하여 평가되고 그에 기반 하여 가족단위의 복지가 제공되는 점에서 시장과 개인 사이에 집단이 개입하고 있다(이명현, 2006).

이처럼 복지와 노동을 연계하거나 노동을 복지의 전제로 생각하는 생산주의 원칙에 따라, 복지국가 개혁의 동향은 노동과 복지의 연결을 재확인 하는 과정이었다 할 수 있다(Peck, 2001). 그리고 조건형 복지(Conditional Welfare)를 통한 생산주의 복지국가에서의 리스크 대응방식이 세계화와 탈공업화의 진전에 의해 탈생산주의 복지국가로 변화되면서 사회복지서비스에서는 이용 당사자의 선택과 결정의 방식으로 자유와 보장을 다양화하는 시스템으로 전개되고 있다. 이러한 복지국가와 사회복지서비스의 패러다임 전환을 초래하는 구조적 변화는 리스크 구조의 계층화와 편중화의 심화,[1] 고령화 등 인구학적 변화와 각종 리스크를 흡수해 온 가족의 동요에 의해 노동시장 내외부에서 계속 확대된다. 이러한 예측 불가능하게 급변하는 환경에서 기존의 조건형 복지의 형태로는 비용 부담자와 수급자가 분화되어 다양한 리스크에 대응하는 복지서비스 접근에서 배제되기 쉽다. 자산조사가 수반되는 사회안전망은 시민을 「실업과 빈곤의 덫」으로 유인하여 복지의 항상적인 수급자로 전락시킬 위험을 안고 있고 비용부담의 반발을 초래한다. 이와 같이 복지국가의 리스크 구조의 변용을 배경으로 전개되는 복지국가 패러다임 변화는 비용 부담자의 지지를 효과적으로 확보하면서도 고용과 가족구조가 유동적으로 변화하는 환경에서 복지서비스 이용을 확대하고 지원하기 위한 불가피한 선택이라 할 수 있다.

1 계층화는 상대적으로 안정된 고용을 확보한 경쟁섹터 노사가 각종 사회보험의 비용부담에 중압감을 느끼면서 불안정 근로층이나 각종 수급자 단체와의 잠재적 대립 발생, 편중화는 평생에 걸친 고용불안 등을 의미한다.

2) 생산주의 사회에서의 탈피와 사회복지

생산주의 사회에서의 복지서비스가 행정의 조건을 충족하는 소수자에 대한 은혜였다면 탈생산주의 사회에는 개인의 비용부담과 이용자로서의 자유로운 서비스 선택을 강조하는 권리로서의 성격이 더욱 강화될 것이다. 장기요양보험의 시행으로 사회복지의 기초가 지금까지의 저소득층을 중심에 두고 시행되던 조치에서 개인책임 중심의 이용제도로 급속히 재편될 가능성이 크다. 현재 한국에서도 세대단위의 축소가 진행되어 가족단위에서 개인단위로 서비스 대상자가 변화되는 개인 중심의 시대가 진행될 가능성이 높다. 사회복지의 중심 가치인 자립과 사회연대도 이러한 개인의 확립을 전제로 가능하게 될 것이다. 개인이 자유로운 의사로 자기결정을 하고 자신이 인생의 주인공이라는 것을 실감하고 실현해 가는 것은 정보화화 개인화를 중심으로 전개되는 탈생산주의 사회에서의 복지서비스의 이용주체를 확립하는데 필수적이다. 자신이 인생의 주인공이 되기 위해서는 우선 전쟁이나 빈곤, 생활장애 등 외부로부터의 사회요인을 근절시켜야만 한다. 그리고 사람들의 마음속에 남아 있는 차별과 편견 등과도 싸워서 극복해야 한다. 그러한 결과로서 책임도 스스로 감내하겠다는 자각을 가질 때에 비로소 사람은 자유로운 자기의 의사에 따라 자신의 인생을 스스로 결정할 수 있게 된다. 이에 대해서 서구 여러 나라에서는 혁명 등을 통하여 스스로 피를 흘리며 그 자유와 권리를 쟁취한 역사가 있다. 그러나 우리나라는 이러한 사고방식을 이해하는 토양이 마련되어 있지 않다. 또한 민주주의의 기본이 되는 시민으로서의 교육 경험도 많지 않다. 세금납부에 대해서는 자기 것을 빼앗긴다고 느끼며 지방선거 투표율과 지역사회에의 주민참여 문화는 매우 낮아 성숙한 시민의식을 가지고 있다고 단언하기가 어렵다. 성숙한 민주주의 아래 자립한 시민이 모여들 때 비로소 공공의 의식이 싹트고 연대가 가능해진다. 이러한 의식이 개개인에게 자리 잡지 않으면 개인은 시민의 윤리 없이 목표를 상실한 이합집산의 무리일 따름이다. 탈생산주의 사회에서의 이용자 중심의 복지는 성숙한 시민사회를 바탕으로 비로소 기능할 수 있는 시스템이다. 국민 중 어느 정도가 이러한 것들을 이해하고 복지에 관해서 스스로의 권리로써 자기결정을 이해하고 자신의 인생에 대하여 결정할 권리를 중요하게 생각하고 있을 것인가(이명현, 2006).

21세기 개인의 시대에 국민에게 요구되고 있는 것은 분명히 스스로 생각하고 자신이 결정하고 책임을 지는 성숙한 시민이다. 이와 같은 시스템 개혁이 진행되는 사회 속에서 치매고령자나 장애인 등 자기결정을 할 수 없는 사람들의 권리는 어떻게 보호할 수 있을 것인가. 조치제도에서 이용제도로 변화하는 것이 자동적으로 이용자의 권리성을 명확하게 하지 않는다. 그러므로 사회복지사 등이 당사자 및 이용자의 대변인으로써 생활과 권리의 보장이나 권리옹호에 대하여 사회복지의 전체 시스템을 구상하면서 이용자 측에서 제언하고 그 의견을 제시하고 반영시킬 수 있는 근거가 있고 책임이 있다고 생각한다. 또한 사회복지 관계 학자나 복지관계자도 행정의 논리적 근거를 보완해주는 수동적 역할이 아니라 클라이언트를 권리주체로써 중심에 두는 획기적이라 할 정도의 인식변환과 그것을 가능하게 하는 행정의 기반정비가 갖추어질 수 있도록 권리옹호적 역할을 강화해야 할 것이다.

3) 사회복지 패러다임의 변화와 권리옹호 시스템

생산주의 복지국가에서는 생산과 복지를 연계하여 대상자를 한정하고 그들에게 급부를 제공할 수 있는 서비스의 양적 확충이 주요한 과제가 될 수 있으나, 탈생산주의 아래에서는 서비스 이용을 확대하기 위한 질적 확보가 우선적으로 고려된다. 그동안 한국의 사회복지는 서비스 공급부족이 주된 의제였으나 최근에는 양적 확충과 함께 서비스의 질 확보가 주요문제로 대두되고 있다. 경제적 양극화 해소를 위한 포괄적 복지정책의 확충과 노인·장애인 등 사회경제적 약자들의 충분하고 질 좋은 서비스 이용에 대한 요구는 사회복지의 제도적 개혁과 함께 서비스 이용에 대한 주체적 참여와 선택을 보장하는 시스템 구축을 필요로 한다.

특히 2003년 7월 사회복지사업법의 개정으로 개정 법률 제33조 7의 2항에서 보호대상자에게 사회복지서비스 이용권을 지급할 수 있도록 함으로써 서비스 이용과 선택에 대한 권리가 대폭 강화되었다. 또한 장기요양보험제도의 도입 예정도 복지서비스에서의 이용자 권리강화를 촉구하는 배경으로 되고 있다. 이 제도의 핵심내용은 노인의 케어비용을 국가·가족·기업 등이 분담하는 사회보험 방식으로 하고, 민간이나 기업이 서비스 사업자로 참여하여 이용자와의 계약에 의해 제공하도록 함으로써 공급을 확대하고 선택의 권리도 강화한다는 것이다. 이러한 변화를 고려할 때 우리나라에서도 복지서비스의 이용자 권리강화를 위한 제도개혁은 중요한 현안이라 할 수 있다.

이와 같은 공급중심에서 이용자 위주로의 사회복지 패러다임의 변화는 외국의 사회복지 동향에서도 확인할 수 있다. 영국은 1990년대에 커뮤니티케어 개혁을 통해 서비스의 효율성과 이용자의 선택권을 증진시키는 시스템을 구축하였고, 일본의 경우 1990년대 중반부터 이용자 위주와 지방분권을 기본으로 하는 사회복지제도의 개혁을 추진하여 국가조치에 의한 서비스를 이용자의 선택과 자기결정을 보장하는 시스템 중심으로 변화시켰다. 이와 같은 시스템의 변화는 2000년 개호보험법의 시행과 사회복지법의 개정에 의해 그동안 국가의 요보호 대상자로서만 간주되던 복지대상자를 사회복지의 권리주체로 전환시키는 사회복지 기초구조개혁으로 완성되었다.

이러한 변화는 복지국가의 다원화로 평가할 수도 있지만, 궁극적으로 서비스 이용자의 권리성 강화와 이용의 편의증진을 위해, 행정중심의 「조치형」 사회복지가 이용중심의 「계약형」 사회복지로 전환되고 있다는 데에 그 의의를 찾아 볼 수 있다. 노인·장애인 등의 이용자는 질병·장애·실업·노령 등에 의한 소득·의료·복지서비스의 욕구충족 없이는 인간다운 생활을 하기가 불가능하다. 따라서 조치형 복지에서는 이들이 보호해야 할 약자로 간주되어 왔지만, 계약형 복지에서는 자율적이고 능동적인 권리의무를 가진 이용주체가 된다. 앞으로 계약형 사회복지에서의 노인・장애인 등 복지이용자의 학대나 권리침해, 자기결정과 선택 등을 배경으로 한 권리보장의 요구는 더욱 강력히 요구될 것이다. 따라서 이들을 복지의 주체로서 존중하고 사회통합으로 유도하는 효과적 대안으로서 권리옹호(Advocacy) 시스템의 구축이 요청된다.

특히 고령사회에서는 케어욕구를 가지고 있는 사람에게 필요한 서비스를 제공하는 것이 사회복지제도의 책임성을 충실히 수행하는 것이 될 것이다. 일반적으로 케어의 필요성을 가지고 있는 자에게 서비스를 결합시켜 가는 과정은 다음과 같은 질문을 규명하는 과정을 거쳐 구체화 된다. 첫째, 케어욕구가 사회적 보호가 필요한 욕구인가. 둘째, 그 욕구의 필요성과 필요한 보장성의 수준이 어느 정도인가. 셋째, 사회적 욕구로서 판단된 케어욕구에 어떠한 시스템으로 대응할 것인가. 넷째, 각각의 문제에 대하여 누가 어떻게 결정할 것인지가 케어보장의 형태를 고려하는 경우에 중요한 의미를 가지게 될 것이다.

그런데 이러한 문제에 대하여 조치제도에서는 기본적으로 행정이 모든 것을 결정하는 방식이었다. 즉, 조치제도는 서비스의 시작 여부와 제공주체, 서비스의 양과 수준에 대하여 행정이 일방적으로 결정하는 직권주의적 성격을 가지고 있었으며, 대상자에게 서비스를 청구하거나 서비스 실시주체를 선택할 권리가 없는 시스템이다. 물론 수급자격 인정문제와 서비스 내용의 문제를 구별하여 해석하는 것으로 수급자격을 둘러싼 권리관계를 보다 명확하게 하려는 논의 등 조치형 사회복지의 직권주의적 성격을 둘러싼 문제는 사회복지구조개혁에 대한 논의에서는 새로운 것은 아니다(秋元美世, 2001). 그러나 조치제도의 직권주의적인 운용이나 해석의 장벽이 쉽게 바뀌지 않고 있는 것이 현실상황이었다.

이에 대하여 최근 복지서비스의 이용에 대해 계약구조를 도입한 일본의 개호보험제도의 경우 조치제도와는 매우 다른 제도구성으로 되고 있다. 우선, 사회적 욕구의 사정에 대해서는 「개호 필요성 인정(要介好認定)」이라는 과정을 거치게 된다. 그 결정권한은 조치제도와 마찬가지로 형식적으로는 기초자치단체에 있지만, 실제로는 「개호인정 심사회」라는 전문가를 중심으로 한 합의체에서 판단을 내리게 되어 있으며, 인정기준도 전국적으로 객관적 기준이 설정되어 있어 공정성과 객관성을 담보하기 위한 구조로 이루어져 있다는 점에서 행정의 재량적 판단으로 결정하는 조치제도와는 매우 다르다. 또한 서비스 필요성 정도에 대해서는 개호정도에 따른 순위가 만들어져 자신에게 어느 정도의 보장이 인정되는가를 알 수 있어 투명성 높은 구조로 되어 있다. 나아가 서비스 충족은 이용자의 주체적 판단을 바탕으로 서비스 제공자와 직접적인 이용계약으로 연결되어 행정에서 일방적으로 서비스 내용을 결정하는 조치제도와는 다르다.[2] 조치제도 비판에서 문제가 되는 것은 서비스를 이용하는 쪽이 서비스를 제공하는 행정에 의존하게 되는 직권주의적인 관계이다. 이용자가 주체적으로 무언가를 결정하고 선택하는 것이 거의 불가능한 구조가 문제인 것이다. 이러한 비판으로 이용자의 선택권 보장이 제도개혁의 중심적 과제로서 인식되어 조치에서 계약으로 제도개혁을 해 나가는 방법으로 계약구조가 형성되게 된 것이다.

단지, 여기에서의 「계약」이라는 것이 시장거래에서의 단순한 계약이 될 수는 없으며 공공책임을 실현하기 위한 계약이라는 점을 놓쳐서는 안 될 것이다. 즉 복지계약의 내용을 구성하는 선택내용이 사회적 욕구와 대응관계에 있어야 하며 욕구와 괴리되어서는 안 된다. 이러한 점에서 복지 및 케어서비스의 필요성을 판정하는 구조를 통하여 이용자의 선택 가능한 영역을 미리 한정하고 그 나름대로 사회적 욕구와의 대응관계를 확보하려는 것이다(駒村康平, 1999). 또한 사회적 욕구는 전문가의 판단에 의존하는 부분도 있으므로 대중정서와의 괴리도 생각해 볼 수 있지만, 복지 및 케어서비스의 경우 아마추어가 전혀 개입할 수 없을 정도로 전문적인 분야로 진화되어 있는 상태가 아니라, 아직 완전하게 사회적 욕구와 이용자 선택 사이에 괴리가 발생하고 있지 않은

2 실제 케어매니저와 상담하면서 케어계획을 작성하는 경우가 많지만, 그러한 경우에도 최종적으로는 서비스 내용을 결정하는 것은 형식적으로는 이용자가 된다.

상황이라고도 할 수 있다. 이와 같이 공적책임으로서의 복지 및 케어보장의 실현이라는 관계에서 사회복지 및 케어서비스는 소위 「의사시장(Quaci-Market)」 내지 「준시장」 시스템에서의 계약형 사회복지라 규정할 수 있을 것이다.

2. 사회복지서비스와 권리옹호

1) 사회복지서비스 이용자와 권리옹호

자기결정(self-determination), 참가(participation) 및 서비스 이용자의 권한의 강화(empowerment)되고 있는 사회복지서비스는 욕구(need) 판정이나 서비스 실시계획, 서비스 평가에 이용자의 동의・선택・참가를 촉진함과 아울러 의사결정 능력이 저하된 고령자・장애인의 경우에는 자기결정의 대리・옹호를 제공하는 등 이용자의 권리성 강화를 요구하고 있다(河野正輝, 1995 : 6). 이러한 동향은 생활주체성이 비교적 약했던 저소득층 중심의 사후 구제적 사회복지로부터 소득과 관계없이 개인의 자립을 지원하는 서비스로 사람들의 요구가 변화했다는 것을 의미한다. 다시 말하면 서비스 구조가 행정본위(provider-led)에서 이용자의 선택과 결정을 중시하는 시스템으로 전환되기 시작했다는 것이다.

종래의 사회복지에서는 대상자를 '권리의 주체'보다는 '곤란에 빠진 사람'으로 간주하여 사회에 적응시키는 것이 주된 목적이었다. 이와 같은 의학적・치료적 모델에 대하여 권리옹호는 사회복지 이용주체의 권리회복과 유지를 강조하는 변화라 할 수 있다. 자기결정권의 존중이 더욱 중요시되고 있는 최근의 복지상황 속에서 권리옹호는 인권의식의 향상과 함께 사회복지의 근간을 유지하는 중요한 요소가 되는 것이다. 이처럼 권리옹호 개념의 성립에는 인권개념이 기반이 되고 있는데, 1948년의 세계인권선언을 비롯한, 아동의 권리선언(1959), 정신장애인의 권리선언(1971), 장애인의 권리선언(1975), 아동의 권리에 관한 조약(1989) 등 복지에 관한 선언・조약이 사람들의 인권의식을 향상시켜 온 것도 영향이 크다. 즉 생존권이 단순한 생존권에서 '삶의 질(QOL)'로서 중시되고 노말리제이션 이념의 침투에 의해 사회 전체에 적용되는 사상으로 되었으며 이것은 더욱 확대되어 단순히 일상적인 삶의 질이 아니라 생애전체에 걸친 '생명의 질'로 중시되면서 인간의 존엄을 유지할 수 있는 조건이 정비되어 온데 뿌리를 두고 있는 것이다. 인간의 존엄에서 가장 중요한 것은 '자율'의 개념이며, 그것은 자신의 인생이 타인에 의해 타율적으로 끌려 나가는 상태가 아니라 자신의 생활방식을 스스로 결정할 수 있는 상태라 할 수 있다. 자율은 인생을 통하여 자신의 주체적인 삶의 방식을 규제하는 보다 큰 개념이며 자기결정은 인생의 각 장면에서 최선의 선택을 하는 구체적인 행위라 할 수 있다. 권리옹호는 클라이언트가 매 생활에서 최선의 자기결정을 할 수 있도록 지원하면서 자율적인 인생을 살아가도록 원조하는 활동이다. 따라서 권리옹호는 다층적인 권리옹호 시스템이 가동해야 효과적으로 될 수 있고 그것이 인간적인 구조로 될 수 있는가 하는 것이 중요한 요소가 된다. 즉, 이용자와 서비스 제공자와의 관계성이 문제이며 사회복지사와 사회복지기관의 권리옹호자로서의 역할이 무엇보다 중요한 것이다. 이와 같이 복지서비스를 둘러싼 제도적 환경은 이용자의 '권리'를 중심으로 크게 변화하고 있는데, 복지제도에 이용자를 끼워 맞추는 형태에서 탈피하여 서비스 질 자체가 중요하게 부각되고 있는 오늘날의 상황을 대변해주고 있다.

권리옹호란 사회정의의 보장과 유지를 목적으로 개인이나 집단, 지역사회의 이익을 위한 행위를 대변・옹호・지지하는 활동이며 클라이언트를 서비스 이용의 권리주체로서 인식하는 것이다. 그렇지만 사회복지서비스 이용자는 독자적으로는 그 권리의 실현이 불가능한 경우가 대부분이므로 권리실현을 지원할 활동이 필요하다. 따라서 계약에 의한 선택적 사회복지가 이용자 중심의 사회복지로 작동하기 위해서는 기본적인 생활욕구의 충족을 목표로 하면서 생활지원이 가능한 권리옹호 시스템의 제도적 확충이 필요한 것이다. 권리옹호 시스템은 권리옹호에 대한 제도적 구조로서 세 가지로 분류할 수 있다. 첫째는 이용자 보호를 위한 권리옹호 시스템으로서 감사 및 평가, 정보제공 등을 통해 서비스의 선택과 결정이 가능하도록 지원하는 기반정비 시스템을 의미한다. 둘째는 자기결정의 지원을 위한 권리옹호 시스템으로 복지서비스 이용지원과 성년후견제도와 같이 이용자의 자기결정을 지원하는 시스템을 의미한다. 셋째는 문제해결적 권리옹호 시스템으로서 고충해결과 옴부즈맨제도, 법적 구제시스템과 같이 개인차원에서 해결할 수 없는 권리침해에 대한 권리구제적 옹호 시스템이다.

그런데 계약중심 사회복지가 오히려 국민의 권리를 부정하는 것이며 국가나 지방정부의 책임회피를 초래한다는 비판도 제기되고 있다. 고령사회에서의 복지서비스 이용자는 판단능력이 불충분하고 다양한 사회적 곤란을 안고 있으므로 계약체결이나 서비스의 질적 개선을 요구하기에는 본질적 제약이 있는 것이 사실이다. 또한 충분한 서비스 기반이 없이는 선택 자체가 곤란하다. 따라서 사회복지 계약의 부작용을 제어하기 위해서는 서비스 인프라의 확충과 함께 스스로의 선택과 결정이 가능하도록 지원하는 체제 확립이 전제가 되어야 하므로 권리옹호 시스템에 대한 논의가 필수적이라 할 수 있다.

사회복지에서의 권리옹호는 이용자 주체의 복지를 위해 이용자 지원을 강화할 수 있는 시스템으로의 변화를 의미한다. 따라서 행정조치 중심의 사회복지를 이용제도로 전환해야 한다는 전제를 깔고 있다. 이용자 중심의 사회복지를 강조하는 논리는 기존의 조치제도에 의한 서비스가 이용자를 행정처분의 대상으로 보고 법적인 권리의무 관계를 부정한다는 것이다. 따라서 이용자와 서비스 제공자 사이의 대등한 관계를 위해서는 권리 의무관계가 명확한 이용자 중심 구조가 필요하다. 구체적으로 그와 같은 제도는 이용자와 사업자가 계약을 맺어 서비스를 선택하고, 제공된 서비스에 따라 일정부분 국가・지자체와 함께 비용을 지불하는 이용제도로의 변화를 의미할 것이다(日本辯護士聯合會, 2002 : 25). 이용제도 추진론은 주로 이용자・사업자・국가나 지자체 간의 권리의무 관계와 사업자의 서비스 전개 활성화에 중심을 두고, 조치제도가 조치권자의 행정처분으로 인하여 이용자의 의사가 존중되지 않고, 이용자와 서비스 제공자와의 관계도 간접적이고 사업자간의 경쟁도 존재하지 않아 자발적 서비스 개선노력이 어렵다고 비판한다. 이에 대하여 조치제도 옹호론자들은 사회복지제도의 공적책임과 공적인 서비스 공급체제에 중심을 두고 조치제도가 사회복지제도에 대한 국민의 권리보장을 의미하는 제도이므로 이용제도로의 전환은 오히려 국민의 권리를 부정하는 것이며, 국가나 지자체의 책임회피를 초래하고 이용자의 의사존중은 조치제도에서도 충분히 가능하다고 반박한다.

이용방식을 둘러싼 이와 같은 논란은 복지서비스 제공의 경직성이나 이용자의 권리주체성의 결여라는 문제에 대하여 그것이 조치제도라는 행정처분 제도로부터 초래되는 구조적인 문제인가, 아니면 관료주의적인 복지행정 운용의 경직화의 문제인가, 그리고 그것을 극복하기 위한 대안으로서 계약방식의 도입과 시장원리를 추진해야 하는가, 종래의 제도운용의 개선이 필요한 것인가에 대한 인식의 차이라 할 수 있다. 그런데 이용자의 권리성의 보장, 즉 사용자와 이용자의 대등성의 확보는 이용제도로 단순히 전환한다고 해서 극복할 수 있는 것은 아니다. 복지서비스 이용자는 고령자・장애인 등 상황에 따라 다양한 사회적 곤란을 안고 있으며 판단능력이 충분하지 않은 경우도 많아 이용제도로의 전환만으로 자신의 선택이나 결정을 실현할 수 있는 상황이 되지 않을 것이다. 복지서비스 이용과 선택의 전제가 되는 정보에의 접근은 경제적・사회적으로 곤란한 고령자・장애인은 불가능할 수도 있다. 또한 고령이나 장애에 수반되는 판단능력의 감퇴나 사회적 저해환경은 자기의 일상생활이나 사회생활 확보를 위하여 어떠한 지원이 필요한지를 깨닫고 그에 적합한 서비스가 무엇인지를 판단하고 결정하는 것을 어렵게 할 것이다. 즉, 이용자 자신이 사업자와 대등한 관계에 서서 자기에게 적절한 서비스를 선택하여 계약을 체결하거나 서비스 제공 내용을 요청하여 질적 개선을 요구하기에는 본질적 제약이 있다는 것이다. 나아가 이용제도에서 근본적으로 생각해야 할 것은 시스템의 대전제로서 확보되어야 할 조건이 충족되어야 한다는 것이다. 즉, 서비스 공급체제가 절대적으로 부족한 경우라면 이용제도는 명목적이고 형식적인 구호에 그칠 우려가 있다. 충분한 서비스 기반이 없이는 스스로 선택·결정하는 것조차 어렵고 고충해결 등에 의한 서비스 질 개선도 불가능하다. 이용제도로 개혁하는 것이 오히려 자기결정이나 자기책임을 후퇴시킬 수도 있는 것이다.

사회복지서비스의 이용자 지원이란 조치나 이용제도 이전에 스스로 서비스의 선택과 결정을 할 수 있는 시스템 확립을 전제로 한 것이며, 사회복지는 그것을 지원한다는 것이다. 따라서 서비스 이용자의 인간다운 생활의 실현을 목표로 하는 선택과 결정을 지원하는 시스템이 필요한 것이다. 지금까지는 특정한 서비스의 선택 자체를 사회복지제도가 해왔는데, 서비스 전달과정에서 어느 정도 원조자가 권리옹호 역할을 해왔는지 의문시된다. 즉, 특정한 서비스를 직접적으로 제공하는 것만으로는 모든 문제를 해결할 수 없다는 것이다. 이용자를 「불가능한 사람」, 「문제 있는 사람」으로 보고 지원하는 것이 아니라 이용자 자신의 「가능한 부분」에 초점을 맞추어 지원하는 것이 선택과 결정을 위한 서비스(高山直樹, 2001 : 66)가 될 것이다. 원조자의 입장에 있는 사회복지사의 기능은 이용자 지원에 있으며, 그것은 「당연히 있어야 할 지원」으로서 실현되어야 한다. 사회복지는 이용자의 자기결정의 존중이라는 이념에서 출발하므로 이용자 지원이란 이용자와 사회복지사의 본래의 관계성을 되살리는 데에 지나지 않는다는 자각을 바탕으로 권리옹호 시스템의 방향성을 고민해야 할 것이다.

2) 권리옹호의 개념과 시스템 구조

권리옹호 시스템은 제도로서의 도입뿐만 아니라 이용자나 시민의 관점을 고려하면서 다방면으로 구축해 가야 한다. 특히 복지서비스에 대한 고충이나 희망을 충족시키기 위해서는 접근성이 충분히 고려되어야 한다. 아동·노인·장애인을 비롯한 사회적 약자로 간주되어 온 사람들은 권리침해가 발생할 경우, 법적으로 민사소송을 제기하는 방법 외에는 특별한 권리옹호 제도나 복지제도를 통해 권익을 보호받을 수 있는 방법이 없다고 해도 과언이 아니다. 현행법에서는 이의신청이나 행정소송 등이 있지만 이 제도는 행정행위에 대한 이의와 법적 판단을 묻는 것이므로 일상생활 지원을 확보하기 위한 절차로는 활용되기가 어렵다. 지금까지 사회복지에서의 권리는 위로부터 주어지는 것이라는 의식이 뿌리 깊어 복지권을 주장하고 획득한다는 의식은 희박하였으며, 동시에 타인의 권리도 존중한다는 의식도 결여되어 있었다. 권리옹호란 한 사람의 이용자와의 관계로부터 시작되어 그와 같은 관계를 또 다른 이용자와의 관계로 보편화시켜 권리로서의 사회복지를 확립해 가는 과정이라 할 수 있다(高山直樹, 2001 : 57). 이와 같이 권리로서의 사회복지를 확충해 가기 위해서는 적극적으로 국민의 복지권을 규정하는 권리보장법의 제정을 검토해 볼 수도 있다.

사회복지는 약자인 복지대상자를 보호한다는 생각에서 벗어나는데서 출발해야 할지 모른다. 상호간의 대등성이 확보되는 관계에서 서비스 이용자와 사업자는 평등하며, 핸디캡을 가진 자에게는 개별적으로 원조자가 배치되어야 하다는 것이 기본적 사고방식일 것이다. 그리고 사회복지에서의 이용자 중심 제도는 사회복지 원조과정에 관계되는 개개인의 입장과 역할을 명확히 할 것을 요구한다. 공급자 중심의 사회복지 제도는 일방적이고 보호 중심적인 부권주의적 대응을 초래하여 본인의 주체성과 자기결정권을 침해한다는 비난을 받을 수도 있다. 지금까지 사회복지제도는 대등한 인간관계를 바탕으로 이용자 본인의 입장에서 옹호하는 접근이 부족했다. 따라서 사회복지서비스는 ① 찾아가는 서비스를 통하여 지원이 필요한 사람의 거주공간을 중심으로, ② 개인에 대한 지원으로서, ③ 일상생활에서 필요한 것 모두에 관계하는, 즉 의료·보건·복지·주택·고용·교육 등 삶의 모든 장면에 관련되는 지원이 필요할 것이다. 이용자 본인의 입장에서 전개되는 대인복지 서비스에 대한 확립이 권리옹호 프로그램의 핵심관건이 될 것이다.

그런데 사회복지와 같이 개인의 생명·생활유지나 보호에 직결되는 중요한 제도가 공적·사적 주체 간의 파트너십에 의해 책임이 분담되고 있으므로, 앞으로 공공 영역의 역할과 책임은 크게 변화될 것이다. 따라서 누구나 만성질환·치매·장애 등이 보편화되는 고령화 사회를 맞아 스스로 권리를 주장하고 옹호할 수 없는 자에 대한 지원을 강화하기 위한 권리보장 시스템 구축이 필요한 것이다.

이와 같은 시스템은 권리옹호에 대한 제도적 구조로서 〈표 4-1〉과 같이 제시할 수 있다. 권리옹호란 기본적인 생활욕구의 충족(생활지원)이 가능한 시스템이 제도적으로 보장될 때 가능하다. 이를 위해서는, 첫째 이용자의 권리옹호를 지원하는 보호시스템이 정비되어야 한다. 즉, '소비자 보호제도'로서 이것이 정비되면 이용자의 자기결정이 가능해진다. 이와 같은 보호제도의 정비는 공적책임을 지닌 기관이 관여하여 보장해야 한다. 구체적으로는 평가 및 감사제도 → 정보공개 → 종합상담 → 수속지원 → 고충대응 제도가 보장되어야 한다. 그리고 사업자의 책임성을 확립하기 위한 프로그램 정비가 필요하다. 즉, 과대광고 금지, 설명의 책임, 고충대응 창구의 설치가 이루어져야 한다. 또한 이용자 본인의 의사존중을 위한 대인복지 서비스 체제의 확충이 필요하다. 둘째, 예방적 권리옹호 시스템이 정비되어야 한다. 이용자를 위한 지원이 있다면 자기 스스로 결정할 수 있어야 한다. 따라서 복지서비스 이용지원 절차를 통해 지역사회 차원에서 이용자의 권리를 옹호할 수 있는 시스템이 확충되어야 한다. 그리고 이미 본인 스스로 결정할 수 없는 상태인 경우에는 법정후견을 지정할 수 있어야 한다. 아울러 사전에 의사능력이 불완전하게 될 경우에 대비하여 본인 스스로 후견인을 결정하는 대리권을 행사할 수 있어야 한다. 즉, 임의후견을 활용할 수 있는 시스템이 확충되어야 한다(이명현, 2004 ; 2008). 셋째, 사후적 권리옹호 시스템이 정비되어야 한다. 즉, 권리침해 등이 있어 개인 차원에서 해결할 수 없는 경우에는 권리 구제적인 시스템이 완비되어야 한다.

〈표 4-1〉에서 ①은 권리옹호 시스템 구축을 위한 기반정비 부분으로서 이용

자 보호 시스템이다. ③은 문제해결형 권리옹호, 즉 사후적 권리옹호로서 고충해결과 법적 구제 시스템 등이 해당된다. 앞으로 사회복지가 공급자·행정조치 중심이 아니라 자기결정에 의한 수요자 중심으로 제도개혁이 가속화된다면 ②의 예방적 권리옹호라고도 할 수 있는 자기결정 지원시스템이 효과적으로 정비되어야 할 것이다. 이 시스템은 아웃리치(out reach) 서비스의 일환으로서 개인이 생활하고 있는 장소에서 대인복지서비스를 이용하여 대면적 관계에서 개인차원의 생활문제 발생을 예방하고 해결을 지원하는 권리옹호 활동이 주된 실천기술이 될 것이다.

〈표 4-1〉 이용자 지원을 위한 권리옹호 시스템의 기본구조

구 분	이용자 지원을 위한 권리옹호 시스템
① 이용자 보호를 위한 권리옹호	**[이용자 보호 시스템]** • 서비스 선택과 결정이 가능하도록 이용자 보호기반을 정비하고 이용자 지원을 통해 대부분 자기결정 가능 ㉠ 공공책임으로 개입하여 정비 평가 및 감사 → 정보공개 → 종합상담 → 수속지원 ㉡ 복지기관의 책임으로 정비 과대광고금지, 설명책임, 정보제공 창구설치
② 자기결정의 지원을 위한 권리옹호	**[예방적 권리옹호 시스템]** • 지원이 제공되면 자기결정가능 – 복지서비스 이용지원제도 • 자기결정 불가능 – 법정후견 • 사전에 자신이 결정하여 대리 – 임의후견
③ 사후처리를 위한 권리옹호	**[사후처리 · 문제해결 권리옹호 시스템]** • 권리침해 등이 있어 개인차원에서 해결할 수 없는 권리구제적 권리옹호 • 고충해결, 옴부즈맨 등

자료 : 이명현, 2003 : 119를 참조로 재구성

일반적으로 판단능력이 불충분한 사람들을 위하여 학대방지와 서비스 이용지원 등 신상감호와 재산관리 등의 권리행사를 지원한다는 측면에서 볼 때, 권리옹호는 협의와 광의로 구분된다(河野正輝, 1999 : 58). 협의의 권리옹호란 '치매성 고령자, 정신장애인 등 충분한 판단능력이 없는 사람들과 특정 관계에

있는 원조자가 피원조자 본인의 의사를 존중하면서 본인의 권리행사를 옹호하고 욕구의 실현을 지원하는 것이며, 광의의 권리옹호란 사전에 개별적으로 특정한 관계를 맺고 있지 않음에도 불구하고 복지제도상에서 위치를 부여받은 일정 기관이 이용자 의사를 존중하면서 권리행사를 옹호하고, 욕구의 실현을 지원하는 것'(菊池聲美, 2000 : 233)이다.

이와 같이 협의와 광의의 개념을 볼 때 권리옹호 시스템이란 법적인 권리의 옹호뿐만 아니라 이용자에 대한 의사표시의 지원 · 대변을 위한 조직의 제도까지 포함할 것이다. 따라서 상기한 〈표 4-1〉의 기본구조에 대비하여 복지기관에서 활용할 수 있는 권리구조 시스템을 첫째는 이용자 보호 시스템으로서 평가 · 정보제공 · 행정감사 프로그램, 둘째로 예방적 권리옹호 시스템으로서 성년후견제도와 서비스 이용지원 프로그램, 셋째, 사후처리형 권리옹호 시스템으로서 고충해결 프로그램으로 구분할 수 있다.[3]

3) 사회복지사와 권리옹호

오늘날 사회복지분야의 키워드는 이용자의 자기결정, 선택 및 자기책임, 정보공개, 책임성, 임파워먼트 등이다. 이러한 사회복지분야 키워드는 공통적으로 복지에 대한 클라이언트의 권한을 강화하는 요소가 들어 있다. 즉, 변화의 기반에는 권리옹호(Advocacy)가 포함되어 있는 것이다. 종래의 사회복지에서는 대상자를 '권리의 주체'보다는 '곤란에 빠진 사람'으로 간주하여 사회에 적응시키는 것이 목적이지만 권리옹호는 사회복지 이용주체의 권리회복과 유지를 강조한다. 따라서 권리옹호는 자기결정권의 존중이 더욱 중요시되고 있는 최근의 복지상황 속에서 인권의식의 향상과 함께 사회복지의 근간을 유지하는 중요한 요소가 되는 것이다.[4] 미국의 경우 1960년대는 공민권법(1961)과 같이 사

3 권리옹호 시스템의 구조를 이용자 보호 · 예방 · 사후처리형으로 구분하였으나, 본 연구의 목적이 임상 및 실천기술로서의 권리옹호가 아니라 제도적 시스템 구축을 위한 고찰이므로 변호와 대변을 목적으로 하는 다양하고 광범위한 전술적 권리옹호 활동들과 실정법 영역과 관계되는 절차적 권리구제 활동들을 모두 포괄하지 못하였다.

4 권리옹호 개념의 성립에는 인권개념이 기반이 되고 있는데, 1948년의 세계인권선언을 비롯한 아동의 권리선언(1959), 정신

회복지와 권리옹호가 특별한 의미를 가진 시대이다. 종전의 사회복지가 사회문제 해결에 무력했다는 비판, 특히 케이스워크를 중심으로 사회환경의 조정보다 오히려 심리적 문제에 집착하면서 개인의 적응능력에 치중하게 된 데 대하여 의문이 제기되었다. 이러한 비판 속에 전미사회복지사협회는 권리옹호 특별위원회를 설치하고 보고서를 통해 사회복지사가 클라이언트의 권리를 옹호하고 대변하는 역할이 일차적으로 중요하다는 것을 강조하였다. 또한 일찍부터 지방자치가 발전한 영국에서는 1990년대에 권리옹호와 임파워먼트를 사회복지의 역할로써 명확히 규정하였다. 그러나 종전의 사회복지사의 대변적 활동이라는 데에 한정된 것이 아닌, 이용자의 주체성, 자기결정에 초점을 둔 권리옹호(self-advocacy)가 특히 강조되었다. 또한 사회복지시설이나 지역사회에서 당사자가 집단적으로 추진하는 권리옹호(group-advocacy)도 등장하였다.

인간은 아침에 일어나서 잠자리에 들 때까지 의식주에 관한 다양한 생활을 수행한다. 1주일 또는 1개월 동안 외식도 하면서 병원에 다니기도 하고 은행거래를 하며 습관적인 일도 하며 쇼핑도 즐기곤 한다. 또한 자기 일을 수행하면서 가족여행을 떠나기도 하며 교육, 결혼, 노후 복지시설 입소, 병원 입원을 반복하기도 한다. 이러한 일상생활의 과업과 생활들을 취약한 입장이 되었을 때 결정하고 수행해 나간다는 것은 매우 힘든 고역이 되고 만다. 이것을 가능하도록 보장하는 것이 결국 인간다운 생활을 지원하는 것이며, 곧 권리옹호의 내용이 되는 생명 및 생활에 대한 대변・옹호라 할 수 있다.

범죄를 저지른 사람의 경우에도 변호사들은 그들의 입장에 서서 철저하게 권리를 옹호하는데 모든 노력을 기울인다. 그런 활동이야말로 변호사의 전문적 속성(identity)을 보여주는 것이며 윤리적 실천이라 할 수 있다. 철저한 전문직 지향의 활동에 의해 누구라도 변호사의 직업적 특질을 쉽게 연상할 수 있다. 대부분의 사회복지사는 사회복지시설이나 기관에 소속되어 있다. 사회복

장애인의 권리선언(1971), 장애인의 권리선언(1975), 아동의 권리에 관한 조약(1989) 등 복지에 관한 선언・조약이 사람들의 인권의식을 향상시켜 온 것도 영향이 크다. 즉, 생존권이 단순한 생존권에서 '삶의 질(QOL)'로서 강조되고 노말리제이션 이념의 침투에 의해 사회 전체에 적용되는 사상으로 되었으며 이것은 더욱 확대되어 단순히 일상적인 삶의 질이 아니라 생애 전체에 걸친 '생명의 질'로 중시되면서 인간의 존엄을 유지할 수 있는 조건이 정비되어 온데 뿌리를 두고 있다.

지사는 조직인으로서 직무기능이나 역할 범위 내에서만 활동할 수 있는 구조에 있는 경우가 대부분이다. 그러나 권리옹호를 추진해 가는 입장에서는 이용자 입장을 대변하려면 조직 틀에서 벗어날 수밖에 없는 경우도 있다. 만일 이때 제도나 조직 입장에 선다면 결국 이용자 권리는 포기될 수밖에 없다. 조직 속의 사회복지사에게는 이런 선택은 숙명적일 수밖에 없는 성질이 있으며 「전문직의 딜레마」라 할 만한다. 역설적이지만 오히려 이러한 딜레마를 인식하고 이용자와의 대등한 관계 구축이 곤란하다는 것을 자각하는 사회복지사일수록 권리옹호의 의미를 잘 이해할 수 있을 것이다. 그렇지만 현실적으로 이런 딜레마를 인식하지 못한다면 사회복지사는 스스로의 경험에 의존하거나 권위를 앞세울 수 있으므로 반권리옹호적 원조관계를 맺게 된다. 이러한 딜레마에 말려들어간 직원들은 스스로의 직무에 대하여 포기해버리고 소진(burn-out)될 수 있으므로 이러한 딜레마를 자각하는 것이야 말로 권리옹호의 출발점이 될 것이라 생각한다.

사회복지사가 '권리옹호'에 관여할 때 중요한 것은 사회복지 전문직으로서의 근거를 확인하는 것에서 시작한다. 애초에 사회복지서비스 영역의 특성이기도 하지만, 직역의 외적 영역은 계속 확장되어갈 가능성을 품고 있다. 사회복지전문직과 권리옹호와의 관계를 이해하기 위해서는 사회복지 또는 복지서비스의 책무에 대해서 올바로 이해해야 할 것이다. 현실에서의 사회복지사는 '복지서비스 이용자의 이익보호'를 중요한 책무의 하나로 삼고 있다. 특정한 서비스를 기계적으로 제공하는 것만으로는 모든 문제를 해결할 수 없으며, 이용자를 「불가능한 사람」, 「문제 있는 사람」이 아니라 「가능한 부분」에 초점을 맞추어 지원하는 것이 자기실현을 위한 서비스가 된다. 사회복지사의 역할은 이용자 지원에 있으며, 그것은 「당연히 누려야 할 서비스」에 대한 지원으로 실현되어야 한다.

따라서 이용자의 권리옹호를 추진하기 위해서는 사회복지의 기반에 있는 사회복지의 가치와 윤리를 철저히 이해하여 실천에 반영하는 것이 중요하다. 사회복지사의 윤리적 딜레마와 관련하여 권리옹호와 윤리는 매우 밀접한 연관을 가지고 있으며 전문직으로서의 사회복지사 정체성 문제를 반성하는 기회가 될 수 있다.

전문직으로 승인 받은 직종의 대다수는 윤리에 가치기반을 두고 있으며 윤리강령을 가지고 있다. 이것이 전문직(profession)을 구분하는 하나의 기준이 되고 있다. 윤리와 윤리강령이 필요한 이유는 휴먼서비스에 관계하는 전문직(의사, 성직자, 법조인, 사회복지사 등)을 비교해 보면 잘 알 수 있다. 이들 전문직은 인간에 대해 대면적 관계를 통해 원조하는 전문직이다. 전문적 지식, 기술을 바탕으로 인격적 신뢰관계 속에서 서비스를 제공해 가는 데에 특징이 있다. 이들 전문직은 특정한 문제나 과제를 안고 자기실현이나 주체성이 결핍되거나 약화되고 있는 '약자'에 관계하는 직종이다. 따라서 전문직은 '약자'의 입장에서 보면 전문적 권위를 가진 '강자'의 입장에 있다. 오늘날 일어나고 있는 권리침해 사건 등을 보면 '강자의 입장을 이용해서 약자를 괴롭히는' 구조가 들어 있다. 오히려 전문직이 약자의 권리를 침해하기 쉬운 처지에 있는 것이다. 따라서 전문직의 윤리가 등장하였고 과제로 되고 있는 것이다. 전문직(profession)은 어원을 살펴보면 동사의 고백하다, 선언하다와 관계있다. 따라서 윤리강령은 강자인 전문직이 각성하여 약자인 사람들의 허점을 이용하는 파렴치한 일은 절대 하지 않는다는 의지를 고백하고 있다고 여겨진다.

사회복지사 윤리는 자기결정이나 정보제공 동의, 비밀보장, 성 접촉 금지 등 이용자의 권리와 인권을 옹호하기 위한 행위규범으로 인식되고, 그것을 구체적으로 실천해 갈 때 사회복지사의 윤리나 가치, 윤리강령을 구현해 가는 사회복지실천이 가능할 것이다. 사회복지사의 윤리는 전문직에게 승인된 일반사회로부터 위임받은 권리옹호를 위한 사회복지사의 가치적·실천적 행위규범인 것이다.

3. 권리옹호를 위한 컴플라이언스

1) 권리옹호와 리스크매니지먼트 그리고 컴플라이언스

권리옹호의 중요성은 이용자 이익의 확보라는 관점뿐만 아니라 관리자 측면에서도 매우 중요하다. 케어서비스 제공이나 기타 지원에는 사업자 측면에서도 큰 리스크가 수반된다. 즉, 예상치 못한 위험성에 대해서 충분히 정보제공을 한 후에 본인이 서비스를 선택해야 하며, 그런 배려를 한 후에도 불상사가 일어난 경우, 또한 일방적으로 지원자가 결정되었다거나 충분한 설명도 하지 않은 채 진행되어 사고가 발생한 경우 등, 다양한 사고에 대한 이용자의 평가나 사회적 평가는 매우 엄격할 것이므로 설명과 동의가 확인된 계약이라는 행위를 통하여 서비스가 제공될 경우 사업자 측면에서의 서비스 행위의 근거가 명확하게 되고 사후 분쟁으로 확대되는 것을 억제할 수도 있다. 민법상 판단능력이 저하되어 있는 사람과의 계약은 성립되지 않는다. 그럼에도 불구하고 관례에 따른 방법으로 서비스를 제공하고 있고 문제가 발생할 경우, 계약자체가 무효로 될 경우도 있으며 법적구제로 연결되기 어려워 사업가가 져야 할 책임이 커질 우려도 생각할 수 있다. 만일 후견인이 선임되어 정당한 계약이 이루어진다면 그러한 리스크를 떠안게 되는 법적 책임성은 최소화될 수 있을 것이다. 이렇게 보면 권리옹호의 구조를 활용하거나 본인이 납득할 수 있는 계약을 체결하거나 자립지원을 하는 것, 즉 서비스 매니지먼트 과정에서 권리옹호를 실천해 가는 것은 리스크를 분산시키는 것이며 리스크매니지먼트 기능을 하게 된다.

리스크매니지먼트는 그 자체가 조직운영의 공정성과 투명성을 담보하여 적절한 서비스를 제공하도록 구조를 고려하고 실천하는 것을 지향한다. 이런 점에서 리스크매니지먼트는 컴플라이언스와 동일한 방향을 추구한다고 생각된다. 단지 리스크매니지먼트는 긴급사태 발생을 전제로 조직이 위기상황에 직면한 경우에 취해야 할 대응책을 중심으로 그 의미, 내용, 역할을 고민한다. 그러나 컴플라이언스는 반드시 이런 내용을 전제로 하지는 않는다. 결국 리스크매니지먼트가 법령준수 자체를 필요조건으로 하지만 충분조건으로 하지 않는다는 점에 양자의 차이가 있다. 즉 법령 등 준수 그 자체는 리스크매니지먼트의 일정부분을 포함하여 그 전제조건으로서 다루어져 활용되는 경우가 있어도 그것만으로 리스크매니지먼트가 이루어졌다고는 할 수 없다. 예를 들면, 케어사고에 관해서 사고방생 예방조치를 어떻게 해야 할 것인가, 또는 발생한 경우의 원인규명과 설명책임 유무, 귀속주체, 내용 확정은 어떻게 해야 할 것인가, 조직차원에서 어떻게 대처해야 할 것인가, 이런 각도에서 사안을 생각하는 것이다. 그리고 이런 사고 과정에서 법령 등 준수는 그것을 생각하는 수단의 하나로서 위치하고 있는 데에 지나지 않는다.

최근 널리 사용되고 있는 설명책임 등에 대하여 이에 효과적으로 대응하기 위해서는 스스로의 운영 또는 생활지원, 서비스 제공에 관한 특정 법령 등에 대하여 이것을 준수하기 위한 기준을 만들어, 조직 구성원의 하나로서 철저히 주시시키고 문제가 되는 사실이 발생했을 때에도 이 기준을 바탕으로 행동하고 있다는 것을 분명히 할 필요가 있으며, 그 자체가 컴플라이언스 매니지먼트와 깊이 관계되는 것이라 이해해야 한다. 결국, 스스로의 조직에 적용되는 법령 등을 준수하기 위한 기준을 만들고 이것을 적극적으로 활용하는 것, 즉 행위규범으로서 활용할 수 있는 환경을 만드는 것 자체가 리스크매니지먼트로 연결되는 것이므로 컴플라이언스 매니지먼트의 철저한 적용은 리스크매니지먼트의 필요조건이라 생각한다.

2) 서비스 이용자의 권리옹호를 위한 컴플라이언스

인간은 노화, 장애 등 신체적으로 부자유한 상태가 되거나 판단능력이 부족한 상태가 되어도 자신이 한 사람의 인간으로서 가치를 지닌 존재로 살아갈

수 있도록 요구할 힘을 가지고 있다. 사회복지서비스는 가능한 범위 안에서 그러한 사람들이 인간답게 생활하는데 필요한 제도나 서비스를 이용할 수 있도록 대변하고 지원하는 권리옹호적 역할을 수행해야 한다. 생명이나 신체에 손상을 입거나 자유, 재산을 박탈당하지 않도록 보장하는 것, 즉 소극적인 권리보장만으로는 인간다운 생활, 삶의 질이 보장되는 인간이라 할 수 없다. 고령사회가 됨으로써 누구나 노인이 되는 현실에서 보다 구체적인 생활환경이 보장되어야 할 것이다. 예를 들면 첫째, 노인이 생활에 필요한 수요를 충족하기에 충분한 종류, 내용, 질이 확보된 서비스가 필요에 따라 이용할 수 있는 환경이 보장되어야 한다. 둘째, 스스로 필요한 서비스를 선택할 수 있는 환경이 보장되어야 한다. 셋째, 스스로에게 적합하다고 선택한 서비스가 일반적인 것이 아니라 맞춤형 서비스로서 질 높고 적절한 것으로 계속 이용할 수 있도록 보장되어야 한다. 이러한 세 가지 측면이 보장된다면 권리옹호의 적극적 측면이 충족되는 것이며, 이를 바탕으로 소극적 측면의 권리가 보장된다면 〈표 4-2〉와 같이 한 사람의 인간으로서 생활을 향유하는 것이 가능하다고 생각된다.

〈표 4-2〉 인간다운 생활을 위한 소극적 권리와 적극적 권리

적극적 권리	생명－세계인권선언 3조, 자유권 규약 6조
	신체－세계인권선언 3조, 자유권 규약 9조 1항 －세계인권선언 5조, 자유권 규약 7조 －노인을 위한 국제연합행동원칙 17항 －장애인의 권리선언 10, 11항
	자유－세계인권선언 1, 3조, 자유권규약 제9조 1항 －세계인권선언 5조, 자유권규약 7조 －세계인권선언 9조 －노인을 위한 국제연합행동원칙 17항 －장애인의 권리선언 10, 11항
	명예－세계인권선언 12조, 자유권 규약 17조 ①② －노인을 위한 국제연합행동원칙 14항 －장애인의 권리선언 10, 11항

적극적 권리	재산－세계인권선언 17조 ①② －노인을 위한 국제연합행동원칙 17항 －장애인의 권리선언 11항
소극적 권리	수요를 충족하기에 충분한 종류・양 제공 1. 세계인권선언 25조 2. 노인을 위한 국제연합행동원칙 1, 2, 4, 5, 6항(자립) 3. 노인을 위한 국제연합행동원칙 7, 8항(참가) 4. 노인을 위한 국제연합행동원칙 10 내지 15항(케어) 5. 노인을 위한 국제연합행동원칙 15, 16항(자기실현) 6. 장애인의 권리선언 3, 6, 8항
	자기선택과 자기결정의 보장 1. 국제연합헌장 55조, 전문 2. 자유권 규약 1조 ①③ 3. 사회권 규약 1조 ①③ 4. 노인을 위한 국제연합행동원칙 4, 12, 14항
	질 높고 적절한 서비스 및 물품 제공 1. 복지서비스 제공 원칙－사회복지사업법상 구체적인 해당 조항 없음. 다만 법 3조에 국가, 지방자치단체, 사회복지사업자의 복지증진 책임을 원론적으로 규정함 2. 시설이 최저기준을 작성하고 준수해야 할 의무－사회복지사업법상 구체적 내용은 없지만, 36조 시설운영위회 조항에서 운영위원회가 프로그램이나 운영계획, 고충해결 등에 관한 사항을 점검하도록 규정함

지원을 받아야 할 입장에 있는 이용자들이 자신을 위하여 어떠한 일을 해 주는 조직이나 기관, 단체에 대하여 필요한 대응이나 서비스를 요구하기 위해서 기본전제가 되는 것이 해당 기관이 법령과 윤리를 준수하며 직무를 집행하고 서비스를 제공하고 있다는 사실이다. 특히 다양한 법령 중 취약한 입장에 있는 사람들에게 가장 힘이 되는 것이 사람을 사람답게 살아가게 해 주는 구체적인 법령과 기준이다. 사회경제적으로 가장 약한 입장에 처하게 되는 고령자나 장애인에게 윤리・법령 등을 준수한 서비스가 제공되고 있는지를 확인하는 것은 매우 곤란하지만, 인권 등 권리옹호에 관한 모든 것을 포함하는 법령과 복지윤리를 준수할 수 있도록 관련 규칙(rule)들을 정비하고 이것을 실천하고 있다면, 부적절한 서비스나 불상사가 일어난 경우 그에 적극적으로 대응하면서 이용자를 옹호할 수 있는 기관이라 할 수 있다. 권리옹호 관점에서 본다

면 적어도 컴플라이언스의 전개는 그동안 당연하다고 여겨지던 복지서비스 공급자와 사용자 사이의 수동적 관계를 근본적으로 대등하게 재구축하는 방법을 제공하고 있는 것이다. 예를 들어 노인이나 장애인 주위의 사람들, 특히 이러한 사람들에 대한 생활을 지원하면서 서비스를 제공하는 조직・개인・단체들이 질 높고 적절한 생활지원이나 서비스라 부를 가치가 있는 대응을 한다면 최저한 스스로에게 적용되는 법령 등을 준수할 필요가 있을 것이다. 그렇다면 인권이나 권리옹호도 그러한 사업에 관계하고 있는 조직이 준수해야 할 법령 등에 포함되어 있으며 컴플라이언스 매니지먼트를 수행하는 것은 결과적으로 권리옹호로 연결된다. 사람이 약한 입장에 처하게 되면 스스로를 위하여 직무를 대신해 주는 조직, 기관, 단체에 대하여 필요한 대응을 요구하거나 스스로에 대하여 필요한 서비스를 제공해 주는 조직 등에 의지하게 되는데, 기본 전제는 그런 조직들이 법령을 준수하면서 직무를 집행하고 서비스를 제공한다는 사실이다. 특히 다양한 법령 속에서 사회경제적 약자 입장에서 가장 준수해주길 바라는 것은 '인간을 인간답게 다루는 것과 관련된 법령' 등이며 그것을 위하여 조직 내에 정해진 구체적 규칙의 준수이다. 필연적으로 사회경제적으로 취약한 입장에 빠질 수밖에 없는 고령자나 장애인에게 법령 등을 준수한 직무집행이 행해지고 있는지, 동일한 서비스 제공이 이루어지고 있는지를 스스로가 확인하는 것은 매우 곤란한 경우가 많아 법령 등 준수 필요성이 더욱 절실한 것이다. 이러한 관점에서 생각한다면, 권리옹호 등에 관한 내용이 포함된 법령 등을 준수하여, 구체적인 기준을 정하고 실천하고 있다면, 부적절한 서비스가 행해질 가능성이 있는 경우에 설명책임을 지는 것은 직무를 집행하거나 서비스 제공을 행하는 편에 선 조직이 될 것이다. 따라서 권리옹호 관점에서 본다면 컴플라이언스의 전개는 종래 상식처럼 답습해 왔던 서비스 집행관행을 타파하는 역할을 할 가능성도 있다.

그렇다면 구체적으로 컴플라이언스를 통해 권리옹호를 추구하고자 할 때 중요한 요소는 무엇인가? 첫째, 이용자와 조직 구성원에 대한 임파워먼트, 둘째 필요하고 충분한 정보공개와 정보접근에 대한 지원, 셋째 명확한 평가시스템의 확립과 적정한 운영, 넷째 신속하고 효과적인 구제제도 확립, 다섯째 종합적인 지원센터가 필요하다. 컴플라이언스가 단순히 조직의 투명성과 공정성을 담보하면서 조직을 통제하는 내부적 수단으로서만 작동하면 그것은 단순한 조직 내부관리 기제로서만 의미를 가질 뿐이다. 따라서 복지사업 운영에 있어서 이용자를 비롯한 모든 사람들의 인권을 지키면서 그것을 실현할 수 있는 구체적 수단으로서 권리옹호적 컴플라이언스 대응체제를 정비하는 것이 중요하다.

<table>
<tr><td rowspan="3">복지기관의
권리
옹호 시스템</td><td>[이용자 보호 프로그램]
정보공개
투명사회협약
윤리경영
사회복지사 윤리강령
감사와 평가
사회복지법상 규제조항</td><td rowspan="2">구체적 관리
수단
→</td><td rowspan="2">컴플라이언스
대응
관리체제</td><td>정보, 감사, 모니터링</td></tr>
<tr><td>[문제해결 프로그램]
고충해결
복지옴부즈맨
내부고발보호</td><td>보고, 상담</td></tr>
<tr><td>[자기결정 프로그램]
옹호활동
성년후견
서비스이용지원</td><td>→</td><td>행위기준
(code of
conduct)</td><td>복지사의 서비스
이용지원 활동</td></tr>
<tr><td colspan="2">권리옹호의 기반 = 임파워먼트
(리더십, 거버넌스, 성과관리, 보상, 교육훈련)</td><td colspan="2">↔</td><td>지속적 개선</td></tr>
</table>

[그림 4-1] 권리옹호와 컴플라이언스의 관계

컴플라이언스 개념과 전개과정

1 컴플라이언스 정의
2 컴플라이언스 구성과 본질
3 컴플라이언스의 전개과정

1. 컴플라이언스 정의

사회복지의 기본이념이 민주주의를 바탕으로 한다는 것은 상식에 속한다. 왜냐하면 사회복지는 인간을 존중하므로 개인의 자기결정과 선택을 보장하는 서비스가 당연히 강조되기 때문이다. 또한 사람뿐만 아니라 조직도 활동하기 위해서는 법령이나 법칙을 정확히 인식하고 그것들을 존중하는 행동을 할 책임이 있다. 컴플라이언스는 이처럼 책임달성을 목표로 진행되는 과정을 의미하는 용어이다. 컴플라이언스는 사전적 의미로 '준수한다', '뭔가의 요구에 대응 한다'로 번역된다. 특히 매니지먼트를 생각할 경우에 그 대상에 따라 다음과 같은 두 가지 차원으로 구분할 수 있다. 첫째, 법령과 규제 등을 준수하는 행동, 둘째 기업윤리 및 경영이념 등을 준수하는 행동이다.

미국에서 기업에 컴플라이언스 매니지먼트를 침투시킨 계기가 된 것은 「연방양형 가이드라인(sentencing guideline)」의 존재라 할 수 있다. 이것은 기업 종업원이 불법행위에 관여하여 유죄가 된 경우, 기업자체에도 벌칙을 부과하는 방침이다. 특이한 것은 기업이 부정행위를 방지하기 위한 「효과적인 법령준수 프로그램」을 갖추고 있는가에 따라 징벌적 벌금액이 다르다는 것이다. 이러한 구조가 기업이 법령준수 프로그램을 도입하는 계기를 제공했다 할 수 있다. 연방양형 가이드라인이 대상으로 한 사회적 기업경영이란 법령을 준수하는 기업경영이며 기본적으로는 '법령과 규제 등을 준수하는 행동'을 목표로 한다고 볼 수 있다.

한편, '조직윤리 및 경영이념' 등을 준수하는 행동은 단순한 법령준수보다도 엄격한 것이라 할 수 있다. 이런 관점에서는 사회적으로 허용되는 최대한의 법령과 규제에 스스로의 행위를 제한하는 것만으로는 부족하다고 볼 수 있다. 법령만 준수하면 다른 것은 어떻게 되어도 상관없다는 사고방식은 부정된다. 오히려 컴플라이언스는 스스로의 행위의 규범으로 되는 가치기준을 스스로 설정하고 그것을 준수하는 행동이라고 생각한다. 즉, 법령은 중요한 행동기준이기는 하지만, 그것이 준수해야 할 모든 기준을 대표하는 것은 아니며, 조직 구성원은 일상 업무 속에서 법령이상으로 윤리나 이념에 바탕을 둔 행동을 할 필요가 있다고 생각한다.

어떤 경우에는 전자를 '컴플라이언스(compliance)', 후자를 '인터그리티(integrity)'라고도 한다. 인터그리티는 '조직의 가치규범 및 가치기준에 충성한다는 것'이라 정의하지만, 양자 모두 윤리 및 법령 준수를 기본으로 하고 있다는 점에서 전자를 '협의의 컴플라이언스', 후자를 '광의의 컴플라이언스'라 보는 것이 타당할 것이다. 따라서 이상적인 컴플라이언스 관리 시스템은 첫째로 가장 심각한 사회적 폐해를 막기 위하여 필요한 최저한의 법률이나 규칙준수에 대한 책무이며, 둘째는 정직과 신뢰, 존경과 같은 자발적 기준에 경의를 표하면서 윤리적으로 사업을 수행하기 위한 사전적 · 자발적 책무가 되어야 할 것이다.

그렇다면 사회복지에서 컴플라이언스는 어떤 의미인가? 단순한 법령준수 경영이라 보기에는 한계가 있다. 복지사업은 법령으로 서비스 인원 및 운영 등에 대한 기준이 상세히 규정되어 있고, 또 법령을 준수하지 않으면 서비스를 제공할 수 없으므로, 법령준수는 서비스 제공과 동의어적인 성격을 가진다. 그럼에도 불구하고 법령준수만을 강조하면 컴플라이언스는 법을 준수할 수 없는 열악한 사업자와 서비스를 이용할 수 없는 약자들을 포섭범위에서 배제해버리는 소극적인 의미가 되어버린다. 단순한 법령준수라면 행정감사나 평가 시스템이 이미 구축되어 있다. 영리사업은 시장원리 하에 자유경쟁으로 도태되는 조직이 발생하지만, 복지사업은 경제 합리성보다도 개인의 존엄을 중시해야 하므로 무조건적으로 자유경쟁에 맡겨서는 곤란하다. 그러므로 타율적으로 공공제도를 통해 개입하는 부분이 있으며 필연적으로 윤리를 준수하는 것이 될 수밖에 없다.

사회복지에서 법령으로 정해 놓은 것은 사업을 수행할 때에 필요한 최소한도의 요건이다. 개인의 존엄을 실현해 가는 것은 복지서비스의 공익성 및 공공성으로부터 현실적으로 규정된 필요 최소한의 법령범위를 초월한다. 따라서 개인존엄을 실현하는 것이야말로 컴플라이언스의 주요 윤리라 할 수 있다.

그렇다면 사회복지기관과 사회복지사에게 컴플라이언스는 구체적으로 어떤 방식으로 대응하는 것을 의미하는가, 그것은 개인존엄을 실현하기 위한 업무 수준과 서비스 질 형성이 될 것이다. 예를 들면, 케어사고를 예방할 경우 법령 준수 내용은 신체구속 금지와 그런 원칙의 전제가 되는 안전 확보 의무에 바탕한 사고방지라 할 수 있다. 그러나 윤리준수 내용은 거기에 머물지 않고 개인존엄을 실현하기 위한 대응으로써 본인의 자기결정권을 최대한 존중하면서 쉽게 사고가 발생하지 않고, 만일 발생했다고 해도 중대한 사고로 발전하지 않도록 위기관리를 해 나가는 것까지 포함한다(平田 厚, 2007 : 18-21).

사회복지는 정부 보조금이나 보험수가라는 극히 공공성이 높은 자원으로 사업이 운영되며, 이용자가 불리한 입장에 처하기 쉬운 조건에 있으므로 다른 산업분야 보다 더욱 강한 컴플라이언스를 요구한다. 그러나 사회복지법인의 회계부정이나 보험수가 부당청구, 인원배치 기준 위반 등 갖가지 불상사가 발생하는 것을 볼 때, 복지 분야에서는 상대적으로 컴플라이언스에 대해 무지했거나 소홀히 해 왔다는 비판을 피할 수 없다.

컴플라이언스는 법령의 취지나 목적을 분명히 이해하고 그에 따라 윤리적으로 행동한다는 것이다. 그리고 그것을 조직이 실현해 나가기 위해서는 가능한 조직구조와 인력이 형성되어야 한다. 기업경영에서 명확한 컴플라이언스 구조를 구축하는 것은 리스크 관리상 최대의 방어가 될 수 있지만, 복지기관 운영은 공공성이 높고 사회적 약자를 이용자로 하고 있으므로 사회로부터의 기대치가 더욱 높다. 그 만큼 복지기관이 컴플라이언스를 위반하면, 일반 기업 이상으로 사회적 신뢰를 상실하게 되어 리스크가 커진다. 따라서 이를 방지하기 위해서 관리자는 복지사업이 공익성이 높은 사업이란 점을 확실하게 자각하면서 역할을 수행할 필요가 있다.

우리나라도 이용권 제도와 요양보험 도입 등 이용자 중심의 사회복지가 강화되고 있으며, 또 인권보장, 투명성과 사회적 책임 등이 어느 때보다 강조되고 있다. 특히 노인장기요양보험이 시행되면서 이용자의 생활에 대한 종합적인 케어와 안전하고 안락한 생활유지를 위한 서비스의 역할에 관심이 부각될 수밖에 없다. 따라서 사회복지기관 및 종사자는 공적인 역할을 충실히 수행한다는 의미에서도 이용자와 일반시민의 납득과 신뢰를 얻을 수 있는 운영철학과 윤리를 분명히 해야 할 것이다. 창업자 정신이 사업체의 성장과 더불어 기업이념으로 형성되는 것과 같이 컴플라이언스를 조직에 침투시키면, 경영자는 기업윤리를 구체화하기 위하여 활동목표와 범위를 규정한다. 그리고 그런 정신을 조직원의 행동규범으로 구현하기 위해 노력하면서, 조직 이념이 자연스런 맥락으로 내재화 된다. 그런 과정이 없으면 단순히 법령을 지킨다는 것만으로는 조직 전체의 일관된 방향성을 정립하기가 쉽지 않을 것이다. 복지기관이 컴플라이언스 관리 시스템을 구체적으로 확충할 경우 이러한 이념이나 사고방식은 영리기업에 비하여 훨씬 더 중요해 질 것이다.

2. 컴플라이언스 구성과 본질

1) 컴플라이언스의 구성

조직이 법률이나 규칙 준수만 강조하는 프로그램을 운용하고 있다면 그런 조직의 노력은 협의의 컴플라이언스 시스템이라 할 수 있다. 미국에서는 1980년대에 들어와 다수 기업이 윤리의 중요성을 인식하게 되면서 스스로 그런 활동을 윤리프로그램이라 부르게 되었다. 수년 동안 종업원이 준수해야 할 회사의 가치관이나 행동규범, 방침의 범위를 어떻게 최대화할 것인가에 대한 효과적인 대응이 반복되어 발표되었다. 그러한 목표를 추구하는 프로그램은 전통적으로 컴플라이언스 프로그램이라 해 왔다. 그러나 보다 최근의 이런 대응들은 윤리 프로그램이라 하며 단순한 법령준수를 넘어서는 프로그램에 초점이 맞추어져 있다.

1994년 봄에 발간된 「Harvard Business Review」에서 페인(Pane) 교수는 'Managing for Organizational Integrity'를 발표하였는데, 그는 윤리와 컴플라이언스를 통합적으로 생각해야 한다는 것을 강조하였다. 여기에서 성실성(integrity)이란 보다 긍정적이며 조직전체가 동기 부여될 수 있는 말이라 할 수 있다. 즉, 법적 · 윤리적 기준 모두를 포함하는 용어라 할 수 있다.

이와 유사한 것으로 기업행동헌장이 있는데, 이는 공정, 투명, 자유로운 경쟁, 기업정보의 적극적이고 공정한 게시 등으로 구성되는 윤리규범이다. 주로 법령준수 철저, 기업윤리와 행동에 부합하는 체제정비, 경영진의 역할과 책임, 상담 및 보고, 진행상황 모니터링과 같은 구체적인 행동계획을 대변하는 원칙으로 구성된다. 이러한 프로그램의 목표는 적극적인 동기를 부여하고, 잘못된 행위를 즉각 발견하고 대처하여 개선하는 것이다. KPMG의 경우 이러한 프로그램의 구성요소를 ① 리더십과 거버넌스, ② 행위기준, 정보와 커뮤니케이션, ③ 교육연수, ④ 성과관리시스템, ⑤ 감사와 모니터링, ⑥ 보고상담 시스템, ⑦ 대응과 지속적 개선으로 구분하고 있다.

사회복지분야는 컴플라이언스 관리를 위한 체계적인 프로그램은 설정되어 있지 않다. 하지만 법령 및 윤리준수와 같은 컴플라이언스의 본질적 내용을 반영하고 있는 관련 제도로서는 사회복지분야 투명사회협약과 사회복지사윤리강령과 같은 윤리적 차원의 규범과 사회복지법상의 행동지침이 개별적으로 설치되어 있으며, 여기에서는 공통적으로 이용자의 인권개선 등 권리 옹호적 역할이 강조되고 있다. 따라서 광의의 컴플라이언스 개념을 바탕으로 컴플라이언스 프로그램을 사회복지기관 관리에 응용한다면, 먼저 기본전제가 되는 규범으로서 권리옹호가 우선되어야 할 것이다. 그리고 이를 실현하기 위해 윤리경영과 윤리강령을 비롯한 내부감사와 고충처리, 사회복지법상 규제사항, 복지옴부즈맨 등 윤리적 · 규제적 관리 프로그램을 운용하는 방향이 될 것이다.

〈표 5-1〉 컴플라이언스 관련 프로그램 및 제도 비교

<table>
<tr><th>KPMG 컴플라이언스 프로그램</th><th colspan="2">기업 행동헌장</th><th>사회복지기관의 컴플라이언스 관련 대응 제도</th></tr>
<tr><td>리더십과 거버넌스 행동기준</td><td>전체적인 대응체제 정비</td><td rowspan="2">경영진의 기본자세의 조직 내·외에의 표명과 구체적인 대응 정보게시</td><td>윤리경영(CSR)
사회복지분야 투명사회협약
사회복지사업 윤리강령</td></tr>
<tr><td>정보와 커뮤니케이션</td><td>행동지침의 정비와 충실</td><td>사회복지법상 규제사항</td></tr>
<tr><td>교육연수</td><td colspan="2">교육연수의 실시와 충실</td><td rowspan="2">사회복지사 윤리강령 기준
사회복지사 옹호활동</td></tr>
<tr><td>성과관리 시스템</td><td colspan="2">관계자의 엄밀한 처분</td></tr>
<tr><td>감사와 모니터링</td><td colspan="2">기업윤리의 침투와 정착 상황의 체크와 평가</td><td>내부감사제도</td></tr>
<tr><td>보고상담 시스템</td><td colspan="2">기업윤리 지원라인의 정비</td><td>고충처리제도</td></tr>
<tr><td rowspan="2">대응과 지속적 개선</td><td colspan="2" rowspan="2">불상사가 일어난 경우의 대응에 적합한 정보게시, 원인규명, 재발방지 등</td><td>내부고발자제도</td></tr>
<tr><td>복지옴부즈맨제도</td></tr>
</table>

* 기업 행동헌장은 일본 경단련 참조 재구성 함. 한국의 경우 간략한 한 문장 정도의 12가지 원칙만 있고, 특별한 기준 없이 나열하고 있음

〈표 5-2〉 컴플라이언스 프로그램의 구성요소

리더십과 거버넌스(Leadership and Governance)	→	이사회 감시, 원로 매니지먼트의 역할 등
행위기준(Standards of Conduct)	→	미션·비전, 전사적 기준, 업무고유의 기준과 절차
정보와 커뮤니케이션 (Information and Communication)	→	행동규범(Code of Conduct)
교육연수(Training and Development)	→	전반적 기본교육, 관리기술 교육 등
성과관리시스템(Performance Management Systems)	→	조사절차, 보상과 징벌절차 등
감사와 모니터링(Auditing and Monitoring)	→	컴플라이언스 내부감사, 컴플라이언스 모니터링 기술 등
보고상담 시스템(Advice and Reporting Systems)	→	핫라인/도움말 센터 옴부즈맨, 고충해결 내부고발
대응과 개선(Response and Improvement)	→	조사절차, 자기게시, 프로그램 변경 및 수정 등

컴플라이언스 프로그램 체제는 행정・재정적으로 독립된 단위로 운용되는 구조에서는 활동경과가 직접 최고관리층에게 전달된다.[1] 이러한 구조는 컴플라이언스 담당부서가 중앙 집중적으로 만들어지며 모든 부서로부터 관련 경과와 실적을 보고받는다. 반면, 개별 사업부서가 자율성을 가지고 특정한 활동에 컴플라이언스를 개발하기 위한 권한과 자원을 동원할 수 있는 분권적 구조뿐만 아니라, 독립적이지만 법률과 회계, 리스크 관리 등 전체조직의 행정기능 일부를 공동으로 수행하는 반독립적(semi-autonomous) 구조도 가능하다.

2) 컴플라이언스의 본질

컴플라이언스의 본질 대해서는 다음과 같은 방향의 논의가 전개되고 있다.

첫째는 '윤리설'로서 법령준수를 의미한다. 1960년대 미국에서 독점금지법위반, 주식 내부거래 사건 등이 발생한 경우에 이용된 법률관련 용어로 인식되면서 법률규범 준수를 의미하는 경우가 많지만, 최근에는 사회적 통념, 윤리, 도덕을 포함하는 용어로 해석되는 경우도 있다. 이런 배경에는 법령위반과 같은 불상사의 대부분은 윤리문제를 의식하지 않는 행위에서 비롯되었다는 데서 규칙 및 윤리를 포함한 광범위한 준수의무라는 의미로 사용되었다. 이러한 개념은 컴플라이언스의 실천적 의미를 강조하는 것이지만, 이용자 학대와 회계부정 등과 같은 불미스런 사건은 법령준수와 관련되고, 사회적 의무 위반만으로 처벌받지는 않으므로 입법취지를 강조하는 것이 본질이다.

둘째는 '성실대응설'로서, 불미스런 사태를 초래한 상황을 분명히 하고 성실한 대응을 해 나가는 것이 본질이라는 것이다(高巖, 2003). 컴플라이언스 위반이 확인된 후의 대응, 특히 설명책임(accountability)이야 말로 가장 중요하다. 즉, 기관 활동 전체가 성실하게 운영될 수 있도록 지속적으로 내부검증을 해 나가는 것이다.

---

1 미국 Health Care 컴플라이언스 협회의 조사보고에 의하면 약 회원 조직의 약 67%가 독립적인 재정과 인력부서를 확보하고 있고 64%는 직접 활동결과를 최고 관리층에 통보하는 구조로 되어 있다(Michael G. Silverman, 2008 : 119.)

셋째는 '리스크 관리설'로서, 컴플라이언스가 어디까지나 기업 활동의 보안 조치의 일환이며 위기관리 기능으로써 도출된 것이라 생각하는 것이다. 따라서 컴플라이언스는 현대의 역동적인 경영환경에 대비하여 항상 불상사를 의식하고 예방하기 위하여 조직내부 제도를 정비하는 것이다. 이때 막연히 체제를 정비할 것이 아니라 현재 일어나고 있는 불상사를 검증하고 대응을 규명한 후, 그것을 바탕으로 한 이론을 체제에 맞도록 조합해 가는 것이 중요하다.

이상과 같은 개념을 비교해 본다면, 윤리설은 현재 다수설을 이루고 있어 컴플라이언스 본질을 논의할 때 가장 일반적인 사고방식이라 할 수 있다. 이때 컴플라이언스 의미는 단순히 법령준수라는 한정된 좁은 내용은 아니지만, 법적 측면을 초월해서 준수해야 할 조직윤리의 범위가 어떤 것인지, 준수를 강제하는 것은 무엇인지, 어디까지가 법령위반이며 단순한 윤리 위반만으로는 그 책임추궁에 대한 구체적 수단이 마땅치 않다는 것이다.

한편, 내부통제설에서는 컴플라이언스의 기능으로써 사회로부터 의혹이나 불신감을 초래하는 일이 없도록 투명성 높은 행위를 행하는 것이야말로 컴플라이언스의 중요 요소라 생각한다. 그리고 성실한 대응의 결과로서 설명책임도 자연히 그 본질에 포함되고 있다고 생각되며 정보공개가 필요조건이다. 그렇지만 항상 성실히 대응하고 있었다 해도 컴플라이언스 위반을 피할 수 있다는 보장이 없으며 위반에 대한 예방기능이 전혀 작동하지 않을 우려가 있다. 불상사 발생 후 즉시 사과하면서 계속 대응조치를 취한다고 해도 그것만으로 사태는 호전되지 않을 수도 있다. 즉, 사실 확인이 아니라 해결과 개선을 위한 자세가 더욱 필요하다는 것을 암시해 준다.

위험관리설은 컴플라이언스는 각각의 세부적인 리스크로 분산되고 그에 대한 대응책을 집합적으로 다루는 것이지만, 이럴 경우 단순한 기술론에 치우치기 쉽다. 또한 리스크의 집적(pool)은 리스크로서 미리 예정되어 있지 않은 사건에 대해서는 대응하지 못할 가능성이 있다. 따라서 사회복지기관의 경우, 복지리스크 평가에 대한 기준이 불확실하며 이용자의 욕구와 권익을 저해하는 리스크 본질을 파악하지 못한다는 비판에 직면하기 쉽다. 그런 우려를 해소하기 위해서는 항상 이용자의 권리옹호에 부응하는 관리이념과 전략이 무엇인지 고민해야 할 것이다.

컴플라이언스를 실무적으로 활용하기 위해서는 리스크매니지먼트를 감안하여 예방대책을 세우는 것이 바람직하다. 그 이유는 애초부터 컴플라이언스의 본질적 부분에 불상사와 밀접하게 관계되는 부분이 있기 때문이다. 불상사가 범죄로 인정될 경우 위법성과 책임성을 따져 형사법으로 대응하면 된다. 그렇지만 컴플라이언스 기능은 범죄로 연결되어 이용자에게 해를 끼치기 못하게 할 뿐만 아니라, 사업자의 이익도 보호하는 예방적 역할로 생각해도 좋다. 그러나 이러한 컴플라이언스 대응이 법적인 조치와 아무런 연관성이 없다는 생각이 지배적이었다. 위법성 여부는 실정법의 문제이며 그에 대한 법 이외의 어떠한 무리한 가치판단을 할 수 없다는 생각 때문이었을 것이다. 불상사 방지를 위한 적극적인 노력을 한 영리・비영리 기관에 대하여 해당 조직의 컴플라이언스 시스템 구축상황이 형량 또는 기소여부 판단에 참작될 수 있다. 컴플라이언스를 논의하는데 있어 우려되는 문제는 이런 문제의 주역이 개인 아니면 조직 어느 쪽인가 하는 논란이다. 확실히 개인이 윤리적으로 확립되면 조직도 좋아질 것이다. 그렇지만 인권침해나 학대와 같은 사건에 직면했을 때 개인으로서는 거부하기 어려운 조직의 윤리가 있어서 컴플라이언스 작동을 저지할 수 있다. 어느 쪽이 올바른 대응방향인가? 역점을 두어야 할 것은 개인의 향상인가? 아니면 조직개선인가? 어느 한쪽을 선택할 수 없을지 모르지만 어느 쪽을 우선해야 할 것인지는 진지하게 고민해야 할 것이다.

[그림 5-1] 컴플라이언스의 본질에 대한 제이론

3. 컴플라이언스의 전개과정

컴플라이언스를 실천하기 위해서는 컴플라이언스에 대한 조직 실태파악과 컴플라이언스 리스크 평가를 기본으로 구체적인 컴플라이언스 구성요소 정비와 효과성 확보를 위한 구조를 도입하고 실제 운용하는 과정이 필요하다. 이러한 과정은 단계적으로 필요한데, 현재까지 연구된 것은 주로 경영학 분야에서의 성과이다.

1단계는 조직에 대한 컴플라이언스 리스크 상황, 리스크에 대한 지금까지 대응을 파악하고 선진적인 기업이나 조직사례와 비교분석하여 컴플라이언스 실천계획을 수립하는 것이다. 컴플라이언스 관리체제 도입에서는 앞으로 지속적이며 본격적인 컴플라이언스 실시계획으로 이행한다는 것을 전제로 '컴플라이언스 마스터플랜'과 같은 계획이 필요하다. 이러한 계획을 바탕으로 규정 및 매뉴얼을 체계적으로 정비하고 실천적인 교육을 실시하는 등 컴플라이언스 프로그램의 제반 요소를 바탕으로 한 종합적인 활동을 준비할 필요가 있다.

2단계는 구축된 컴플라이언스 체제를 실제 일상 업무 속에서 운영하는 P(Plan), D(Do), A(Action), C(Check)와 같은 실천과정이 필요하다.

3단계는 모니터링이다. 경영관리 시스템에서는 실천상황의 모니터링과 모니터링의 결과 검출된 사항을 앞으로의 개선으로 연결하는 과정을 만드는 것이 필수적이다.

이러한 단계를 바탕으로 컴플라이언스 관리구축을 위한 세부적인 프로그램 절차를 제시해 보면 [그림 5-2]와 같다. 이러한 컴플라이언스 프로그램은 결국 컴플라이언스 매니지먼트 시스템을 통해 일정한 목적을 달성하기 위한 수단적 과정이라 할 수 있다.

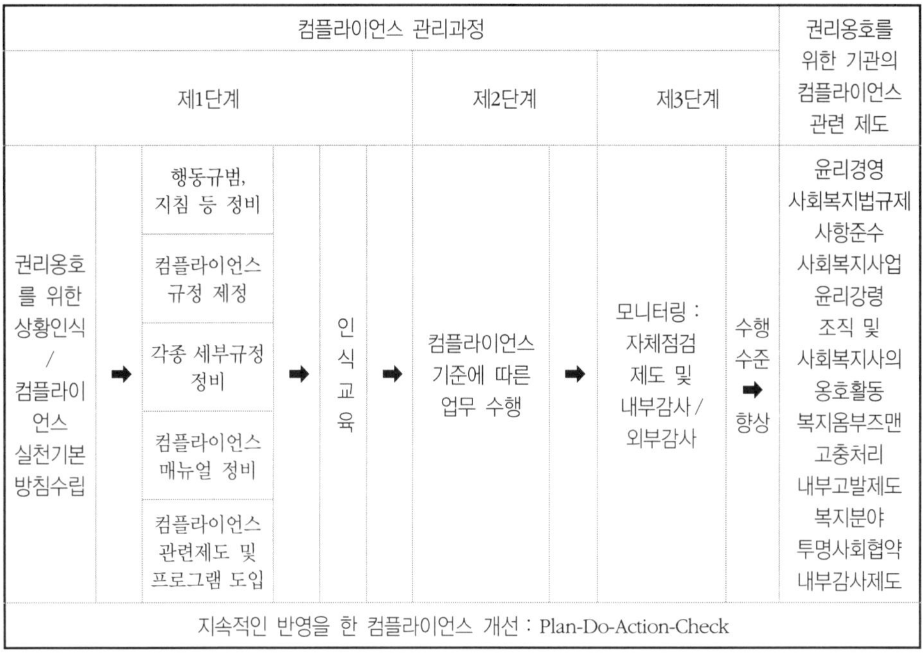

<table>
<tr><td colspan="10">컴플라이언스 관리과정</td><td rowspan="2">권리옹호를 위한 기관의 컴플라이언스 관련 제도</td></tr>
<tr><td colspan="6">제1단계</td><td colspan="2">제2단계</td><td colspan="2">제3단계</td></tr>
<tr><td rowspan="5">권리옹호를 위한 상황인식 / 컴플라이언스 실천기본 방침수립</td><td rowspan="5">➡</td><td>행동규범, 지침 등 정비</td><td rowspan="5">➡</td><td rowspan="5">인식교육</td><td rowspan="5">➡</td><td rowspan="5">컴플라이언스 기준에 따른 업무 수행</td><td rowspan="5">➡</td><td rowspan="5">모니터링 : 자체점검 제도 및 내부감사 / 외부감사</td><td rowspan="5">수행수준 ➡ 향상</td><td rowspan="5">윤리경영
사회복지법규제 사항준수
사회복지사업 윤리강령
조직 및 사회복지사의 옹호활동
복지옴부즈맨
고충처리
내부고발제도
복지분야 투명사회협약
내부감사제도</td></tr>
<tr><td>컴플라이언스 규정 제정</td></tr>
<tr><td>각종 세부규정 정비</td></tr>
<tr><td>컴플라이언스 매뉴얼 정비</td></tr>
<tr><td>컴플라이언스 관련제도 및 프로그램 도입</td></tr>
<tr><td colspan="11">지속적인 반영을 한 컴플라이언스 개선 : Plan-Do-Action-Check</td></tr>
</table>

출처 : KPMG(2003). pp. 42-43을 바탕으로 연구자가 권리옹호 개념을 가미하여 재구성

[그림 5-2] 권리옹호를 위한 컴플라이언스 전개 과정

이 시스템은 〈표 5-3〉과 같이 컴플라이언스 과정을 바탕으로 방지 · 발견 · 대응을 목표로 한다. 권리옹호를 이념으로 한 행동규범과 원칙을 확립한 후, 방지를 위한 시스템은 리더십과 행동기준, 정보와 커뮤니케이션, 교육과 성과

관리 등으로 구성된다. 발견을 위한 시스템은 컴플라이언스에 대한 감사와 모니터링, 상담보고 시스템을 말하며, 대응은 지속적 개선이 가능한 행동수행 시스템을 의미한다. 결국 이러한 컴플라이언스 프로그램의 충실한 실천은 기관에서 대응할 수 있는 권리옹호 관련 제도들에 대한 수행수준을 향상시킬 수 있을 것이다.

〈표 5-3〉 컴플라이언스의 단계별 매니지먼트 시스템

목표 단계	시스템의 내용
목표 1 : 방지 시스템	1. 리더십과 거버넌스
	2. 행동기준
	3. 정보와 커뮤니케이션
	4. 교육 · 훈련
	5. 성과관리 시스템
목표 2 : 발견 시스템	6. 감사와 모니터링
	7. 상담보고 시스템
목표 3 : 대응 시스템	8. 지속적 개선

출처 : KPMG(2003). p. 209

컴플라이언스의 분석과 도입방안

- 1 컴플라이언스의 유형 분석
- 2 컴플라이언스 수행 실태 분석
- 3 권리옹호를 위한 컴플라이언스 도입방안

1. 컴플라이언스의 유형 분석

컴플라이언스 유형을 분석하기 위해서는 먼저 컴플라이언스의 유형에 대한 논의가 선행되어야 한다. 컴플라이언스는 법령위반으로 발생한 사건에 대응하는 형태를 기준으로 분류할 수 있으며, 구축하고자 하는 컴플라이언스 시스템의 방향을 기준으로 분류할 수도 있다. 또한 구체적인 행동기준이 되는 컴플라이언스 규칙(rule)이 어떤 내용인가에 따라서도 구분할 수 있다(森山, 2003 : 23-25). 이런 내용을 구체적으로 살펴보면 다음과 같다.

기 준	법령위반 사건	컴플라이언스 시스템	규칙(rule) 내용
리스크에 대한 대응 유형	① 이익추구형 ② 개인 이익추구형 ③ 관리태만형 ④ 사후관리 실패형	① 거버넌스형 ② 독립형	① 법령준수 ② 이념실행 ③ 운영기준 부가 ④ 전문성 추구 ⑤ 대상자 한정

[그림 6-1] 컴플라이언스 유형분석 기준

1) 조직에서 발생하는 사건을 기준으로 한 유형

조직의 법령위반으로 발생하는 사건유형을 기준으로 컴플라이언스 대응유형이 달라진다.

(1) 이익추구형 법령위반

이익추구형 법령위반은 관리자나 직원이 조직의 이익을 도모하기 위하여 위반을 범하는 불상사이다. 어느 사회복지법인이 운영하고 있는 시설 내에서 관리자가 법인 보조금을 정확하게 계상하지 않고 시설개보수 비용을 부풀려 계산하거나, 이용자 수를 부풀려서 보조금이나 보험수가를 과다 청구하는 경우이다. 결국 기관이익을 위해 이용자에게 손해를 끼치고 양질의 서비스 이용을 방해한 결과가 된다.

이런 유형의 위반은 조직 자체적으로 쉽게 시정하기 어렵거나 은폐되기 쉽다. 따라서 법령위반 사실을 가능한 한 조직 스스로 발견하고 시정하기 위하여 언론에 보도되기 전에 스스로 공개하는 것이 최고의 방어라 할 수 있다. 이런 사건의 예방을 위해서는 최고관리자의 명확한 메시지가 중요하므로 '나쁜 일'이 무엇인지를 정확히 알릴 필요가 있다. 종사자들은 법령위반이라는 것을 알지 못할 수도 있고 안일한 생각에서 위반할 수도 있다. 따라서 무엇이 '나쁜 일'인지에 대한 명확한 윤리적 규정과 규칙을 만들어 철저히 공유할 필요가 있다. 또한 애매한 경우에는 상담창구를 통해 의무적으로 의논하는 '관행'을 만들어야 한다. 그렇지만 현재 발생한 사건에 대해서는 복무규칙을 정하여 강제적으로 준수하게 하는 조치도 정당한 대응방향이라 할 수 있다.

(2) 개인이익 추구형 법령위반

개인이익 추구형 법령위반은 관리자나 직원이 자기의 이익을 꾀하기 위한 법령위반(개인적 부정행위)을 저질러 조직과 이용자에게 피해를 입히는 불상사이다. 법인의 보조금이나 기부금을 전용하여 개인적으로 사용하는 등 조직에 피해를 끼치는 부정행위 등은 어떤 조직에서도 존재한다고 할 수 있다. 이러한 부정행위는 그 수법이 비교적 단순하지만 일단 부정에 손을 대면 발각되기까지 계속되는 경우가 많다. 그러므로 예방이 중요하며 피해 확대 전까지 부정을 발견하는 것이 매우 중요하다. 이런 행위의 예방은 내부견제 시스템과 내부감사 시스템의 구축에 초점을 둘 수밖에 없다. 내부감사는 손해가 확대되기 전에 부정행위를 발견하기 위한 것이지만 '부정은 반드시 적발 된다'는 심리적 압박감을 제공함으로써 미리 견제하려는 목적이 있다.

(3) 관리태만형 법령위반

개인정보누설, 부주의로 인한 인명사고 등과 같이 사고원인과 관련하여 외부로부터 조직 관리 형태에 대한 비난이 제기되는 불상사이다. 이런 사건은 법령위반 사실이 발생하면 관리태만에 대한 사회적 비난이 제기되는 것을 면할 수 없다. 따라서 사고발생 후의 사후적인 대응이 더욱 문제가 될 수 있다. 이 유형은 법령위반에 대한 명확한 금지규정을 준수하고 있는지도 중요하지만, 그 이상으로 내부견제 시스템에 의한 관리를 확실하게 구축하고 있었는가가 관건이 된다. 따라서 법령위반 점검보다는 오히려 내부 견제 시스템이 효과적으로 기능하고 있는지에 초점을 둔 내부점검을 수행하게 된다.

(4) 사후관리 실패형 법령위반

여기서 언급한 사후관리 실패란 두 가지 유형으로 나누어서 생각해 볼 수 있다. 첫째는 발생한 사건에 대한 부실한 대응으로 인해 더욱 심각한 이차 피해(피해 확대나 사태 악화)를 초래하는 경우이다. 초기에 사고가 발생했을 때 적극적으로 공개하고 대응하지 않아서 여론이 악화되고 문제가 더욱 확산될 경우 치명적인 결과를 초래한다. 또한 관계자의 처분이 형식적이거나 대응이 지체될 경우 외부로부터 더욱 큰 비난을 불러온다. 여기에서 중요한 점은 발생한 사고에 대해 조직이 적절한 대응을 명확히 하고 있는가 하는 문제이다. 둘째는 발생한 법령위반에 대해 설명책임을 다하지 못하는 것이다. 거짓을 이야기하거나 고의로 사실을 은폐할 경우, 또한 명확한 사고경위를 설명할 수 없다면 설명책임을 회피한다는 비난을 피할 수 없게 된다. 이런 행위에 대해서는 조직차원의 긴급행동 프로그램을 미리 구축해 두는 것이 중요하다.

2) 컴플라이언스 시스템을 기준으로 한 유형

컴플라이언스 프로그램이나 규정들이 컴플라이언스 확보를 위한 소프트웨어에 해당한다면 컴플라이언스 시스템은 하드웨어 부분이라 할 수 있다. 컴플라이언스 프로그램 구축의무가 관리자에게 있는 이상 그 전제가 되는 하드웨어 부분, 즉 컴플라이언스 시스템의 구축도 관리자의 책임으로 행해져야 할 것이다.

컴플라이언스 시스템을 검토할 때에는 ① 실효성 있는 컴플라이언스 프로그램의 실현(실효성의 확보), ② 컴플라이언스 시스템의 지속(계속성의 확보), ③ 예산(비용) 관점에서 검토할 필요가 있다. 이러한 관점에서 컴플라이언스 시스템은 크게 나누어 조직 내의 업무집행 라인에서 기본적인 컴플라이언스 체제를 정비하는 '거버넌스 방식'과 업무집행라인과는 가능한 한 독립된 형태로 컴플라이언스 체제 구축을 목표로 하는 '독립 컴플라이언스 방식' 두 가지를 생각할 수 있다(森山, 2003 : 28-29).

(1) 거버넌스 컴플라이언스

거버넌스 방식이라는 것은 조직 거버넌스에서 최고관리자의 적법한 직무집행 행위 확보를 통하여 컴플라이언스 체제를 확보하는 방식이다. 예를 들어 이사회와 감사에게 대표이사를 포함한 이사의 행위를 감시하거나 사외 이사제 도입을 강화하여 업무집행 담당자를 감시하는 시스템이 대표적이다. 이러한 상법상 시스템은 컴플라이언스와의 관계에서는 어디까지나 대표이사회 등 최고관리층의 직무집행 위법성을 감시하기 위한 것이다. 그리고 이러한 시스템에서는 조직 내의 컴플라이언스는 최고관리층 책임으로 확보하도록 되어 있다. 환언하면 이 시스템은 대표이사를 포함한 최고관리층의 직책으로서 업무집행 라인에서 컴플라이언스 체제와 컴플라이언스 프로그램을 정비하도록 하고, 만일 그것이 부실하여 법령위반 등 사고가 발생한 경우에는 최고관리층이 전적으로 책임을 지는 체제를 구축하는 것이다.

(2) 독립 컴플라이언스

이 방식은 컴플라이언스 위원회 등 업무집행 라인과는 어느 정도 독립되어 있는 컴플라이언스 부문을 설치하고 거기에 프로그램의 주된 구축과 운용을 맡기는 방식이다. 거버넌스 방식은 최고관리층이나 종사자들의 위법행위를 충분히 억지하는데 부족할 수도 있다. 즉, 이사회의 구성원인 각 이사개인과 감사에 대해서 사실상 대표이사가 지명권을 가지고 있으며 거의 조직내부 출신으로 구성되므로 한계가 드러나는 것이다. 또한 지금까지 영리기업의 경우 많은 사외이사 도입의 경험이 있었지만 개인적인 친분이 있는 자를 이사로 영입하는 것일 뿐, 사외 이사에게 최고관리자의 위법행위를 억지시킬 수 있는 역할까지는 기대하기 어려웠다. 따라서 최고관리층으로부터 어느 정도 독립된 컴플라이언스 부문을 설치하여 거기에 권한을 주는 방식이 등장하게 되었다.

이 방식은 조직 내에 독립성이 강한 권한을 가진 위원회를 설치하는 것뿐만 아니라, 외부 컨설턴트 회사 등과 계속적인 업무위탁계약을 체결하면서 컴플라이언스 체제의 중심적인 역할을 일괄적으로 위탁하는 것일 수도 있다. 그러나 외부 제3자가 컴플라이언스 프로그램 구축과 운용에 관하여 근본적인 책임을 지는 것은 불가능하며 또한 어디까지 강한 권한을 가질 수 있는지도 의문이다. 그러므로 독립적인 컴플라이언스 부문은 책임경영 관점에서는 어디까지나 내부조직으로써, 어느 정도 강한 권한을 부여하기 위하여 '컴플라이언스 위원회'와 같은 형태의 복수멤버로 구성하는 편이 효과적일 것이다.

3) 컴플라이언스 규칙(rule)의 내용을 기준으로 한 유형

컴플라이언스를 도입하기 위해서는 구체적인 실천을 위한 규칙(rule)을 만드는 게 중요하다. 특히, 최근 이용자 중심의 복지가 강조되면서 사회복지분야에서도 컴플라이언스는 중요성을 더해가고 있다. 컴플라이언스를 복지시설의 컴플라이언스에 초점을 맞추어 실행기준 수립, 인재양성이나 역할, 내부고발, 정보공개, 전문적 케어와 서비스, 자기평가 등 시설관리의 전반적 규칙으로서 수용하여 작성되는 행동규칙의 내용을 중심으로 법령준수형, 이념실행형, 운영기준 부가형, 전문성 추구형, 대상자 한정형으로 구분할 수 있다(高野範城・荒中・小湊純一, 2006). 이러한 유형은 다음과 같이 요약할 수 있다.

(1) **법령준수형** : 관계법령이나 지침 등 시설이나 기관운영 최저기준을 바탕으로 만들어진 것이다.
(2) **이념실행형** : 법인이나 시설의 경영이념을 구체적으로 실행하는 것이며, 관계법령상의 상위이념을 구체화하는 것이다.
(3) **운영기준 부가형** : 최저기준에 해당하는 운영기준(사회복지시설운영기준)을 바탕으로 서비스에 개별 사업기관 독자의 서비스를 부가한 것이다.
(4) **전문성 추구형** : 전문성이 높은 복지나 케어 서비스를 제공하는 것이다.
(5) **대상자 한정형** : 경영자, 관리자, 직원 등이 누구를 대상으로 어떻게 할 것인가를 규정한 것이다.

이상과 같은 유형분석에서 사회복지조직에서 컴플라이언스를 실천하기 위해서는 적절한 운용 시스템과 행위기준이 기본축이 되어야 할 것이다. 그런데 복지기관에서 특정 '사건'에 대비한 대응책으로서 컴플라이언스를 실천하기에는 경험적・실증적으로 '사건'에 대한 객관화가 쉽지 않다. 따라서 시스템을 기준으로 한 거버넌스 및 독립컴플라이언스 유형과 복지시설의 행위기준 내용을 기준으로 한 규칙(rule) 중심의 컴플라이언스 논의가 적합하다고 생각된다. 후자의 구분은 컴플라이언스 행동지침을 제시하고 있는 점에서 컴플라이언스 운영방향이라 생각해도 좋을 것이다. 이런 유형분석을 바탕으로 다음 절에서는 노인복지시설의 컴플라이언스 문제와 수행실태, 도입 유형과 운영방향에 대해서 분석하였다.

2. 컴플라이언스 수행 실태 분석

1) 조사내용

연구목적 달성을 위하여 다음과 같이 설문조사 내용을 구성하였다.

첫째, 컴플라이언스에 대한 노인복지시설 종사자들의 인식을 알아보기 위한 카테고리

둘째, 노인복지시설 종사자들의 권리옹호와 컴플라이언스 관련 문제에 대한 카테고리

셋째, 노인복지시설 종사자들의 컴플라이언스 필요성에 대한 카테고리

넷째, 노인복지기관에서 실시할 수 있는 컴플라이언스 수행 수준에 대한 카테고리

다섯째, 실효성·지속성·비용 등을 기준으로 한 컴플라이언스 시스템 유형에 대한 카테고리

여섯째, 행동기준(rule)을 기준으로 한 컴플라이언스 유형을 중심으로 한 컴플라이언스 운영방향에 대한 카테고리

2) 조사방법 및 조사대상의 일반적 배경

본 조사는 2008년 6월 1일부터 6월 30일까지 부산과 대구지역에 소재한 100개의 노인복지시설에 근무하는 종사자 300명을 대상으로 자기기입식 설문지를 통한 실증조사로 수행되었다. 조사대상 노인복지시설은 부산과 대구 지역의 전체 노인복지시설수를 고려하여 부산 60개 시설, 대구 40개 시설을 의도적으로 할당하였다. 그리고 각 시설마다 시설장용, 중간관리자용, 평직원용 각 3부씩 총 300부를 배당하였으나, 총 회수된 설문지는 130부이었다. 이 중 응답이 부실하다고 판단되는 설문지 1부를 일차적으로 제거하여, 총 129부를 최종

분석에 활용하였다.

〈표 6-1〉 변수 구분과 내용

변수 구분(문항수)		변수 내용
컴플라이언스 인지도(9)		윤리경영, 사회복지법 규제사항, 윤리강령, 옹호활동, 옴부즈맨, 고충처리제도, 내부고발제도, 복지 분야 투명사회협약, 내부감사제도
권리옹호 관련 컴플라이언스 문제유형(12)	문제해결(9)	행사 강제동원, 시설 사유화, 개인사생활침해, 사고은폐, 학대, 고용차별, 보조금 전용, 유령직원 채용
	이용자보호(2)	뇌물수수 등 공무원과 유착, 정보제공
	자기결정(2)	실무자 의견무시, 이용자 의견의 형식적 반영
컴플라이언스 필요성(5)		사회적 분위기, 시설존립, 사회적 책임, 서비스 질 보장, 지역사회 이미지 증진
컴플라이언스 수행 실태(25)		행동기준, 리더십과 거버넌스, 행위기준, 교육연수, 정보와 커뮤니케이션, 보고 · 상담, 성과관리, 감사 · 모니터링, 지속적 개선
컴플라이언스 도입 유형(2)		거버넌스 컴플라이언스, 독립 컴플라이언스
컴플라이언스 운영 방향(5)		법령준수, 이념실행, 운영기준 부가, 전문성, 대상한정

조사대상자의 일반적 배경을 살펴보면 〈표 6-2〉에서 보는 바와 같이, 성별은 여성이 59.7%로 남성보다 많았으며, 평균연령은 37세이며, 학력수준은 대졸이상이 98.5%로 대다수를 차지하고 있었다. 현재 근무하는 시설은 주단기보호 · 가정봉사원파견시설이 37.2%, 노인요양시설 31.0%, 노인복지관 20.2%, 노인양로시설 11.6% 순이었으며, 직위는 시설장 27.1%, 중간관리자 42.7%, 평직원이 30.2%였으며, 현 직장에서 평균 4년 6개월 동안 근무하고 있는 것으로 나타났다. 그리고 이들 대부분(91.5%)은 사회복지 자격증을 가지고 있었다.

〈표 6-2〉 조사대상의 일반적 배경

구 분		빈 도(%)	구 분		빈 도(%)
시설 위치 소재	부 산	86(66.7%)	현 직위 (직원유형)	시설장	35(27.1%)
	대 구	43(33.3%)		중간관리자	55(42.7%)
				평직원	39(30.2%)
성 별	남	52(40.3%)	사회복지사 자격증	없음	11(8.5%)
	여	77(59.7%)		있음	118(91.5%)
학력수준	고 졸	2(1.5%)	시설유형	노인양로시설	15(11.6%)
	대 졸	97(75.2%)		주단기보호시설등	48(37.2%)
	대학원졸	30(23.3%)		노인요양시설	40(31.0%)
				노인복지관	26(20.2%)
연령 평균(SD)	37세(10.647)		근무년수 평균(SD)	4.6(4.71)	

* 조사대상시설 : 노인양로시설 7개, 주단기보호호시설・가정봉사원 18개, 노인요양시설 13개, 노인복지관 11개 등 총 49개 시설임.

3) 조사 결과 분석

(1) 컴플라이언스의 도입 필요성

컴플라이언스 도입 필요성에 대한 동의 정도를 살펴보면, 서비스 질 보장(M=4.02)이 가장 높았고, 이어서 사회적 책임성 수행(M=3.98), 사회적 이미지 증진(M=3.80), 사회적 존립(M=3.62), 사회적 분위기 수용(M=3.44) 순으로 나타났다. 그리고 직원 및 시설유형별로 구분하여 살펴보면, 시설장들이 모든 항목에서 가장 높은 동의를 보이고 있고, 이용시설 근무자들은 사회적 분위기 순응(M=3.36) 항목을 제외하고는 모든 항목에서 생활시설 근무자들보다 동의 정도가 높았다.

〈표 6-3〉 컴플라이언스 도입 필요성

(단위 : 평균, 사례수)

구 분	직원유형			시설유형		전체평균
	시설장	중간관리자	평직원	생활시설	이용시설	
사회적분위기 순응	3.63	3.29	3.47	3.55	3.36	3.44
사회적 존립	3.86	3.56	3.49	3.51	3.70	3.62
사회적 책임성 수행	4.26	3.91	3.82	3.80	4.11	3.98
서비스 질 보장	4.34	3.87	3.92	3.84	4.15	4.02
사회적 이미지 증진	4.20	3.69	3.61	3.71	3.88	3.80
사례수	35	55	39	55	74	129

※ 동의 정도는 Likert 5점 척도로 구성 : 1점 전혀 아니다, 2점 아니다, 3점 보통이다, 4점 그렇다, 5점 매우 그렇다

(2) 컴플라이언스 관련 제도에 대한 인지도

컴플라이언스 관련 제도에 대한 응답자들의 인지도 평균을 살펴보면, 사회복지사의 윤리강령과 기준(M=3.74)이 가장 높았고, 이어서 사회복지조직 및 사회복지사의 옹호활동(M=3.53), 사회복지관련법상의 규제사항(M=3.49) 순으로 나타났다. 이를 직원유형별로 비교해보면, 시설장이 모든 항목에서 상대적으로 평균값이 높은 것으로 나타났다. 그리고 전반적으로 이용시설 직원들이 생활시설 직원들보다 컴플라이언스 관련 제도들에 대한 지식 및 인지도가 높은 것으로 나타났다. 그리고 중앙값 3을 기준으로 보았을 때, 노인복지시설 근무자들은 컴플라이언스 관련 제도들에 대한 지식과 인지도가 높은 편이라고 할 수 있다.

〈표 6-4〉 컴플라이언스 관련 제도에 대한 직원의 지식 및 인지도 (단위 : 평균, 사례수)

구 분	직원유형			시설유형		전체평균
	시설장	중간관리자	평직원	생활시설	이용시설	
기업의 윤리경영	3.86	3.43	3.08	3.27	3.56	3.44
사회복지 관련법상의 규제사항	4.00	3.42	3.13	3.36	3.58	3.49
사회복지사의 윤리 강령과 기준	4.20	3.69	3.41	3.58	3.86	3.74
사회복지조직 및 사회복지사의 옹호활동	4.09	3.35	3.26	3.28	3.71	3.53
옴부즈맨제도	3.54	2.95	2.67	2.93	3.09	3.02
고충처리제도	3.86	3.18	2.97	3.33	3.28	3.30
내부 고발자 제도	3.69	2.84	2.67	3.00	3.03	3.02
투명사회협약	3.57	2.51	2.59	2.89	2.77	2.82
내부감사제도	3.74	2.91	2.79	3.09	3.11	3.10
사례수	35	55	39	55	74	129

※ 지식 및 인지도 정도는 Likert 5점 척도로 구성 : 1점 전혀 아니다, 2점 아니다, 3점 보통이다, 4점 그렇다, 5점 매우 그렇다

(3) 컴플라이언스 관련 문제

① 문제 해결적 권리옹호와 관련된 문제

문제 해결적 권리옹호 문제들의 심각성 정도에 대한 평균값을 살펴보면, 법인대표 및 시설장의 시설사유화(M=3.12)가 가장 높게 나타났고, 이어서 직원 본연의 업무외의 각종 행사 강제동원(M=2.88), 보조금이나 후원금 전용 및 유용(M=2.72), 유령직원 채용(M=2.68), 이용자의 개인사생활 침해(M=2.66), 고용(여성, 장애인) 차별 문제(M=2.52), 이용자 사고에 대한 은폐(M=2.48), 이용자에 대한 정서적 신체적 학대(M=2.68) 순으로 나타났다.

이를 직원 유형과 시설유형별로 구분하여 평균값을 살펴보면,

법인대표 및 시설장의 시설사유화 문제에 대해 직원유형 중에서는 평직원(M=3.00), 시설유형 중에서는 이용시설 직원(M=3.04)들이 상대적으로 더 높았다.

직원의 본연의 업무외의 각종 행사 강제동원 문제에 대해 직원유형 중에서는 평직원(M=3.00)이, 시설유형 중에서는 이용시설(M=3.04) 직원들이 상대적으로 더 높았다.

유령직원 채용 문제에 대해 직원유형 중에서는 평직원(M=2.87)이, 시설유형 중에서는 이용시설(M=2.69) 근무자들이 상대적으로 더 높았다.

보조금이나 후원금 전용 및 유용 문제에 대해 직원유형 중에서는 중간관리자(M=2.89)가, 시설유형 중에서는 생활시설(M=2.78) 근무자들이 상대적으로 더 높았다.

이용자의 개인사생활 침해 문제에 대해 직원유형 중에서는 중간관리자(M=2.81)가, 시설유형 중에서는 이용시설(M=2.72) 근무자들이 상대적으로 더 높았다.

고용(여성, 장애인) 차별 문제에 대해 직원유형 중에서는 평직원(M=2.59)이, 시설유형 중에서는 이용시설(M=2.69) 근무자들이 상대적으로 더 높았다.

이용자 사고에 대한 은폐 문제에 대해 직원유형 중에서는 중간관리자(M=2.57)가, 시설유형 중에서는 이용시설(M=2.55) 근무자들이 상대적으로 더 높았다.

이용자에 대한 정서적 신체적 학대 문제에 대해 직원유형 중에서는 중간관리자(M=2.35)가, 시설유형 중에서는 이용시설(M=2.36) 근무자들이 상대적으로 더 높았다.

〈표 6-5〉 문제 해결적 권리옹호 관련 문제의 심각도 (단위 : 평균, 사례수)

구 분	직원유형			시설유형		전체평균
	시설장	중간관리자	평직원	생활시설	이용시설	
직원의 본연의 업무외의 각종행사 강제동원	2.71	2.91	3.00	2.67	3.04	2.88
법인대표 및 시설장의 시설사유화	3.03	3.31	2.92	3.09	3.14	3.12

이용자의 개인사생활 침해	2.54	2.81	2.54	2.57	2.72	2.66
이용자사고에 대한 은폐	2.46	2.57	2.38	2.39	2.55	2.48
이용자에 대한 정서적 신체적 학대	2.17	2.35	2.31	2.19	2.36	2.29
고용(여성, 장애인) 차별	2.43	2.52	2.59	2.40	2.60	2.52
보조금이나 후원금 전용 및 유용문제	2.37	2.89	2.62	2.78	2.68	2.72
유령직원 채용	2.37	2.74	2.87	2.67	2.69	2.68
사례수	35	55	39	55	74	129

※ 문제해결적 옹호관련 문제의 심각도는 Likert 5점 척도로 구성 : 1점 전혀 심각하지 않다, 2점 심각하지 않다, 3점 보통이다, 4점 심각하다, 5점 매우 심각하지 않다.

② 이용자보호 관련 권리옹호 문제

이용자보호에 관련된 권리옹호 문제에 대한 심각성 정도의 평균값을 살펴보면, 사회복지조직의 뇌물수수, 향응 등의 공무원과의 유착(M=3.00), 퇴직한 직원신상에 대한 개인정보 제공 및 공유(M=2.84) 순으로 나타났다. 직원유형과 시설유형별로 구분하여 평균값을 살펴보면,

사회복지조직의 뇌물수수, 향응 등의 공무원과의 유착 문제에 대해 직원유형 중에서는 중간관리자(M=3.09)가, 시설유형 중에서는 생활시설(M=3.02) 근무자들이 상대적으로 더 높았다.

퇴직한 직원신상에 대한 개인정보보호 문제에 대해 직원유형 중에서는 평직원(M=2.87)이, 시설유형 중에서는 이용시설(M=2.92) 근무자들이 상대적으로 더 높았다.

〈표 6-6〉 이용자보호 관련 권리옹호 문제의 심각도

(단위 : 평균, 사례수)

구 분	직원유형			시설유형		전체평균
	시설장	중간관리자	평직원	생활시설	이용시설	
사회복지조직의 뇌물수수, 향응 등의 공무원과의 유착	3.00	3.09	2.87	3.02	2.99	3.00
퇴직한 직원신상에 대한 사회복지조직 간의 정보제공 및 공유	2.86	2.81	2.87	2.74	2.92	2.84
사례수	35	54	39	55	74	129

※ 이용자보호 관련 권리옹호 문제의 심각도는 Likert 5점 척도로 구성 : 1점 전혀 심각하지 않다, 2점 심각하지 않다, 3점 보통이다, 4점 심각하다, 5점 매우 심각하다.

③ 자기결정 지원 관련한 권리옹호 문제

자기결정 지원과 관련한 권리옹호 문제들의 심각성 정도에 대한 평균값을 살펴보면, 서비스 제공결정에의 이용자 의견의 형식적 반영(M=2.79), 서비스 제공시 실무자 의견 무시(M=2.72) 순으로 나타났다.

이를 직원유형과 시설유형별로 구분하여 평균값을 보면,

서비스 제공결정에의 이용자 의견의 형식적 반영 문제에 대해 직원유형 중에서는 평직원(M=2.95)이, 시설유형 중에서는 이용시설(M=2.86) 근무자들이 상대적으로 더 높았다.

서비스 제공시 실무자 의견 무시 문제에 대해 직원유형 중에서는 평직원(M=2.87)이, 시설유형 중에서는 이용시설(M=2.76) 근무자들이 상대적으로 더 높았다.

〈표 6-7〉 자기결정 지원 관련한 권리옹호 문제의 심각도 (단위 : 평균, 사례수)

구 분	직원유형			시설유형		전체평균
	시설장	중간관리자	평직원	생활시설	이용시설	
서비스 제공시 실무자 의견 무시	2.49	2.75	2.87	2.66	2.76	2.72
서비스 제공결정에의 이용자 의견의 형식적 반영	2.51	2.85	2.95	2.69	2.86	2.79
사례수	35	55	39	55	74	129

※ 자기결정 지원 관련한 권리옹호 문제의 심각도는 Likert 5점 척도로 구성 : 1점 전혀 심각하지 않다, 2점 심각하지 않다, 3점 보통이다, 4점 심각하다, 5점 매우 심각하다.

(4) 노인복지시설에 유용한 컴플라이언스 유형

노인복지시설에 유용하다고 생각하는 컴플라이언스 유형에 대한 응답결과를 살펴보면, 거버넌스 컴플라이언스 53.6%, 독립 컴플라이언스 58%였다.

그리고 직원유형과 시설유형별로 살펴보면,

첫째, 시설장의 52.5%와 평직원의 53.8%는 거버넌스 컴플라이언스가 시설에 유용한 유형이라고 응답하였고, 이에 반해 중간관리자의 51.9%는 독립 컴플라이언스가 시설에 유용한 유형이라고 응답하였다.

둘째, 생활시설 근무자의 60.8%는 거버넌스 컴플라이언스가 시설에 더 적합한 유형이라고 응답하였고, 이에 반해 이용시설 근무자 51.4%는 독립 컴플라이언스가 시설에 더 적합하다고 응답하였다. 그러나 직원유형과 시설유형에 따른 컴플라이언스 유형 선택이 연관성을 가지는지를 x^2값을 통해 살펴본 결과, 컴플라이언스 유형과 시설유형, 직원유형 간에 연관성은 나타나지 않았다.

〈표 6-8〉 유용한 컴플라이언스 유형에 대한 직원, 시설별 교차분석 (단위 : 빈도, %)

구 분	직원유형			시설유형		전체(N,%)
	시설장	중간관리자	평직원	생활시설	이용시설	
거버넌스 컴플라이언스	20(62.5%)	26(48.1%)	21(53.8%)	31(60.8%)	36(48.6%)	67(53.6%)
독립 컴플라이언스	12(37.5%)	28(51.9%)	18(46.2%)	20(39.2%)	38(51.4%)	58(46.4%)
계(n, %)	32(100%)	54(100%)	39(100%)	51(100%)	74(100%)	125(100%)
	x^2=1.665	df=2	p=.435	x^2=1.788	df=1, p=.205	

(5) 노인복지시설의 컴플라이언스 운영방향

컴플라이언스 도입과 관련하여, 그 운영방향에 대해 조사한 평균값을 살펴보면, 법령상 상위이념을 구체화한 컴플라이언스(M=3.64)가 가장 높았고, 이어서 케어서비스 전문성 지향 컴플라이언스(M=3.60), 최저기준을 바탕으로 한 컴플라이언스(M=3.57) 순으로 나타났다.

이를 직원 및 시설유형별로 살펴보면,

첫째, 컴플라이언스 운영과 관련한 모든 항목에서 시설장들의 평균값이 중간관리자와 평직원보다 높게 나타났다.

둘째, 시설장들은 대상자와 시설직원이 규정한 내용중심 컴플라이언스(M=3.75), 최저기준 컴플라이언스(M=3.74), 법령상 상위이념을 구체화한 컴플라이언스(M=3.74) 운영을 선호하는 것으로 나타났다. 중간관리자들은 상위이념을 구체화한 컴플라이언스(M=3.60), 케어서비스 전문성 지향 컴플라이언스(M=3.52), 평직원들은 케어 서비스 전문성 지향 컴플라이언스(M=3.64), 법령상의 상위이념 구체화한 컴플라이언스(M=3.62) 운영 순으로 나타났다.

셋째, 컴플라이언스 운영과 관련한 모든 항목에서 이용시설 근무자들은 생활시설 근무자들보다 평균값이 높게 나타났다.

넷째, 생활시설은 케어 서비스 전문성 지향 컴플라이언스(M=3.45), 법령상의 상위이념 구체화한 컴플라이언스(M=3.42), 최저기준(M=3.38)과 대상자와 직원

규정 컴플라이언스(M=3.38) 순으로 나타났고, 이용시설은 법령상의 상위이념 구체화한 컴플라이언스(M=3.81), 케어 서비스 전문성지향 컴플라이언스(M=3.70), 최저기준 적용 컴플라이언스 운영(M=3.70) 순으로 나타났다.

〈표 6-9〉 컴플라이언스 운영 방향에 대한 중요도 (단위 : 평균, 사례수)

구 분	직원유형			시설유형		전체평균
	시설장	중간관리자	평직원	생활시설	이용시설	
최저기준 바탕 컴플라이언스	3.74	3.51	3.49	3.38	3.70	3.57
법령상의 상위이념 구체화한 컴플라이언스	3.74	3.60	3.62	3.42	3.81	3.64
개별 사업부서의 독자서비스 부가 컴플라이언스	3.47	3.21	3.42	3.25	3.41	3.34
케어서비스 전문성 지향 컴플라이언스	3.67	3.52	3.64	3.45	3.70	3.60
대상자 특성+시설직원 규정 컴플라이언스	3.75	3.38	3.55	3.38	3.64	3.53
사례수	35	55	39	55	74	129

※ 컴플라이언스 운영 방향의 중요도는 Likert 5점 척도로 구성 : 1점 전혀 중요하지 않다, 2점 중요하지 않다, 3점 보통이다, 4점 중요하다, 5점 매우 중요하다.

(6) 컴플라이언스 수행 실태

조사대상 시설의 컴플라이언스 수행실태를 컴플라이언스 프로그램의 구성요소를 기준으로 분석한 결과는 다음과 같다.

① 리더십과 거버넌스

컴플라이언스 전담 직원을 배치하고 있는 시설은 조사대상 49개 시설 중 12개로서 24.5%이었고, 컴플라이언스 감사윤리위원회를 설치한 시설은 18개로서 36.7%이었다.

이를 시설유형별로 구분해서 살펴보면,

첫째, 조사대상 20개의 생활시설 중에서 컴플라이언스 전담직원 배치는 25.0%인 5개 시설, 컴플라이언스 감사윤리위원회는 40.0%인 8개 시설이 수행하고 있는 것으로 나타났다. 둘째, 조사대상 29개의 이용시설 중에서 컴플라이언스 전담직원 배치는 24.1%인 7개 시설, 컴플라이언스 감사윤리위원회 설치는 34.5%인 10개 시설이 수행하고 있는 것으로 나타났다.

〈표 6-10〉 리더십과 거버넌스 (단위 : 빈도, %)

구 분			시설 유형		계
단 계	하위항목	여 부	생활시설	이용시설	
1단계 : 리더십과 거버넌스	컴플라이언스 전담 직원배치	없음 있음	15(75.0) 5(25.0)	22(75.9) 7(24.1)	37(75.5) 12(24.5)
	컴플라이언스 감사 윤리 위원회 설치	없음 있음	12(60.0) 8(40.0)	19(65.5) 10(34.5)	31(63.3) 18(36.7)
		계	20(100.0)	29(100)	49(100%)

② 행동기준

컴플라이언스 규칙 및 프로그램을 운용하고 있는 시설은 32개로서 65.3%이었고, 회계 부정사고 등에 대한 위험관리 규정을 두고 있는 시설은 30개로서 61.2%이었다. 서비스 이용에 대한 권리보장 규정을 두고 있는 시설은 34개로서 69.4%이었고, 직원의 지역사회복지 저해 행위 방지에 대한 규정은 19개로서 38.8%이었고, 정치인, 공무원 등과의 불투명한 관계 방지 규정을 두고 있는 시설은 8개로서 16.3%이었다. 직원들의 컴플라이언스 준수의무 서약을 실시하고 있는 시설은 17개로서 34.7%이었다.

이를 시설 유형별로 구분해서 살펴보면,

첫째, 조사대상 20개의 생활시설 중에서 컴플라이언스에 대한 규칙 및 프로그램 설치는 50.0%인 10개 시설, 회계 부정사고 등에 대한 위험관리 규정은

60.0%인 12개 시설, 서비스 이용 관련한 권리보장 규정은 60.0%인 12개 시설, 직원의 지역사회복지 저해 행위 방지 규정은 50.0%인 10개 시설, 정치인·공무원 등과의 불투명한 관계 방지 규정은 20.0%인 4개 시설이 수행하는 것으로 나타났다. 그리고 직원들의 컴플라이언스 준수 서약 서명 실시는 35.0%인 7개 시설이 수행하고 있었다.

둘째, 조사대상 29개의 이용시설 중에서 컴플라이언스에 대한 규칙 및 프로그램 설치는 75.9%인 22개 시설, 회계 부정 등 위험관리 규정은 62.1%인 18개 시설, 서비스 이용자 권리보장 규정은 75.9%인 22개 시설, 직원의 지역사회복지 저해 행위방지 규정은 31.0%인 9개 시설, 정치인·공무원 등과의 불투명한 관계 방지 규정은 13.4%인 4개 시설이 각각 수행하고 있는 것으로 나타났고, 직원들의 컴플라이언스 준수 서약 서명 실시는 34.5%인 10개 시설이 수행하고 있었다.

이 같은 결과를 종합적으로 고려해 볼 때 조사대상 시설들은 컴플라이언스 위반 행위에 대한 지역사회복지 저해행위 방지규정, 정치인·공무원 등과의 불투명한 관계 방지규정, 컴플라이언스 준수 서약 서명이 다른 요소에 비해 미흡한 수준이라 판단된다. 따라서 향후 이와 관련된 행동기준을 강화하는 노력을 게을리 해서는 안 될 것이다.

〈표 6-11〉 행동기준 (단위 : 빈도, %)

구 분			시설 유형		계(N, %)
단 계	하위항목	여 부	생활시설	이용시설	
2단계 : 행동기준	컴플라이언스 규칙 및 프로그램 설치	없음	10(50.0)	7(24.1)	17(34.7)
		있음	10(50.0)	22(75.9)	32(65.3)
	회계부정 등 위험관리규정	없음	8(40.0)	11(37.9)	19(38.8)
		있음	12(60.0)	18(62.1)	30(61.2)
	서비스 이용자 권리보장 규정	없음	8(40.0)	7(24.1)	15(30.6)
		있음	12(60.0)	22(75.9)	34(69.4)

2단계 : 행동기준	지역사회복지 저해행위방지규정	없음 있음	10(50.0) 10(50.0)	20(69.0) 9(31.0)	30(61.2) 19(38.8)
	정치인, 공무원 등 과의 불투명한 관계방지규정	없음 있음	16(80.0) 4(20.0)	25(86.2) 4(13.8)	41(83.7) 8(16.3)
	직원들의 컴플라이언스 준수 서약 서명 실시	없음 있음	13(65.0) 7(35.0)	19(65.5) 10(34.5)	32(65.3) 17(34.7)
		계	20(100)	29(100)	49(100)

③ 정보와 커뮤니케이션

윤리법령 준수와 관련한 주기적인 직원회의 등을 수행하고 있는 시설은 조사대상 49개 시설 중 27개로서 55.1%이었고, 행동 매뉴얼 제공 및 비치를 하고 있는 시설은 22개로서 44.9%이었다.

이를 시설유형별로 구분해서 살펴보면,

첫째, 조사대상 20개의 생활시설 중에서 주기적인 직원회의 실시는 45%인 9개 시설, 컴플라이언스 관련한 행동 매뉴얼 제공 및 비치는 50%인 10개 시설이 수행하고 있었다.

둘째, 조사대상 29개의 이용시설 중에서 컴플라이언스 관련 주기적인 직원회의 실시는 62.1%인 18개 시설, 컴플라이언스 관련 행동 매뉴얼 제공 및 비치는 41.4%인 12개 시설이 수행하고 있는 것으로 나타났다.

〈표 6-12〉 정보와 커뮤니케이션 (단위 : 빈도, %)

구 분			시설 유형		계(N, %)
단 계	하위항목	여 부	생활시설	이용시설	
3단계 : 정보와 커뮤니케이션	컴플라이언스 관련 주기적인 직원회의	없음 있음	11(55.0) 9(45.0)	11(37.9) 18(62.1)	22(44.9) 27(55.1)
	컴플라이언스 관련 행동 매뉴얼 제공 및 비치	없음 있음	10(50.0) 10(50.0)	17(58.6) 12(41.4)	27(55.1) 22(44.9)
		계	20(100)	29(100)	49(100)

④ 교육연수

최근 2~3년간의 전 직원 대상 윤리법령 준수관련 교육을 실시한 시설은 조사대상 49개 시설 중 25개로서 51%이었고, 컴플라이언스 교육 과정을 위한 연간 수행계획서를 구비한 시설은 10개로서 20.4%이었다. 그리고 컴플라이언스 교육을 실행할 인력 및 부서를 설치한 시설은 9개 시설로 18.4%이었다.

이를 시설 유형별로 구분해서 살펴보면,

첫째 조사 대상 20개의 생활시설 중에서 최근 2~3년간의 전 직원 대상 관련 교육실시는 50.0%인 10개 시설, 교육과정을 위한 연간 수행계획서 구비는 30.0%인 6개 시설, 교육 실행 인력 및 부서설치는 20.0%인 4개 시설이 수행하고 있었다.

둘째, 조사대상 29개의 이용시설 중에서 최근 2~3년간의 전 직원 대상 관련 교육실시는 51.7%인 15개 시설, 교육과정을 위한 연간 수행계획서 구비는 13.8%인 4개 시설, 교육 인력 및 부서 설치는 17.2%인 5개 시설이 수행하고 있었다.

이 같은 결과를 종합적으로 고려해 볼 때 향후 노인복지시설들은 윤리법령 준수에 대한 지식과 인지도를 높이기 위해 컴플라이언스 관련 교육훈련 시스템 확충을 강화해야 할 것이다.

〈표 6-13〉 교육 연수 (단위 : 빈도, %)

구 분			시설 유형		계(N, %)
단 계	하위항목	여 부	생활시설	이용시설	
4단계 : 교육연수	최근 2~3년간의 전 직원 대상 컴플라이언스 관련 교육 실시	없음	10(50.0)	14(48.3)	24(49.0)
		있음	10(50.0)	15(51.7)	25(51.0)
	컴플라이언스 준수 교육과정을 위한 연간수행계획서	없음	14(70.0)	25(86.2)	39(79.6)
		있음	6(30.0)	4(13.8)	10(20.4)
	컴플라이언스 준수 교육 실행 인력 및 부서 설치	없음	16(80.0)	24(82.8)	40(81.6)
		있음	4(20.0)	5(17.2)	9(18.4)
		계	20(100)	29(100)	49(100)

⑤ 성과관리 시스템

컴플라이언스 관련 포상 제도를 실시하고 있는 시설은 조사 대상 49개 중 20개로서 40.8%이었고, 컴플라이언스 위반에 대한 내부신고 처리절차를 수립한 시설은 8개로서 16.3%이었다. 그리고 컴플라이언스 위반 시 인사고과에 반영하는 시설은 19개로 38.8%이었다.

이를 시설 유형별로 구분해서 살펴보면

첫째, 조사대상 20개의 생활시설 중에서 관련 포상제도 실시는 30.0%인 6개 시설, 내부신고 처리절차 수립은 20.0%인 4개 시설, 위반 시 인사고과 반영은 35.0%인 7개 시설이 수행하고 있는 것으로 나타났다.

둘째, 조사대상 29개의 이용시설 중에서 관련 포상제도 실시는 48.3%인 14개 시설, 위반에 대한 내부 신고처리 절차 수립은 13.8%인 4개 시설, 위반 시 인사고과 반영은 41.4%인 12개 시설이 수행하고 있었다.

이 같은 결과를 종합하여 고려해 볼 때 조사대상 노인복지시설들은 컴플라이언스 준수 여부를 성과에 반영하는 수준이 낮은 것으로 나타났다. 향후 시설 종사자들에 대한 윤리법령 준수 정도를 근무성과에 반영하는 프로그램을 확충하는 노력이 뒤따라야 할 것이다.

〈표 6-14〉 성과관리 시스템 (단위 : 빈도, %)

구 분			시설 유형		계(N, %)
단 계	하위항목	여 부	생활시설	이용시설	
5단계 : 성과관리 시스템	컴플라이언스 관련 포상제도 실시	없음 있음	14(70.0) 6(30.0)	15(51.7) 14(48.3)	29(59.2) 20(40.8)
	직원의 컴플라이언스 위반에 대한 내부신고 처리 절차수립	없음 있음	16(80.0) 4(20.0)	25(86.2) 4(13.8)	41(83.7) 8(16.3)
	직원의 컴플라이언스 위반 시 인사고과 반영	없음 있음	13(65.0) 7(35.0)	17(58.6) 12(41.4)	30(61.2) 19(38.8)
		계	20(100)	29(100)	49(100)

⑥ 감사와 모니터링

윤리법령 위반사례에 대한 주기적인 실태 분석을 수행하고 있는 시설은 조사대상 49개의 시설 중에서 7개로서 14.3%이었다.

그리고 이를 시설 유형별로 구분해서 살펴보면, 조사대상 20개의 생활시설 중에서 준수 위반 사례에 대한 주기적 분석은 15.0%인 3개 시설이 수행하고 있었고, 조사대상 29개의 이용시설 중에서는 13.8%인 4개 시설이 수행하고 있었다. 즉, 조사대상 노인복지시설의 컴플라이언스 준수를 위한 감사와 모니터링 대응 수준은 매우 낮다고 할 수 있다. 따라서 사회복지 컴플라이언스 준수 위반사례에 대한 주기적인 감사와 평가의 제도화가 필요하다.

〈표 6-15〉 감사와 모니터링 (단위 : 빈도, %)

구 분			시설 유형		계(N, %)
단 계	하위항목	여 부	생활시설	이용시설	
6단계 : 감사와 모니터링	사회복지 컴플라이언스 준수 위반사례에 대한 주기적 분석	없음 있음	17(85.0) 3(15.0)	25(86.2) 4(13.8)	42(85.7) 7(14.3)
		계	20(100)	29(100)	49(100)

⑦ 보고와 상담

윤리법령 위반에 대한 내부 고발자 제도를 실시하고 있는 시설은 조사 대상 49개 시설 중 1개로서 2.0%이었고, 시설 내 내부 고발자 보호를 실시하고 있는 시설은 2개로서 4.1%이었으며, 윤리법령 준수와 관련 문제에 대한 사적 대화 창구를 마련하고 있는 시설은 11개로서 22.4%이었다. 그리고 시설 내 윤리법령 준수관련 직원고충 처리 제도를 운용하는 시설은 18개로 36.7%이었고, 컴플라이언스 위반에 대한 24시간 제보가 가능한 시설은 3개로 6.1%이었다.

이를 시설 유형별로 구분해서 살펴보면,

첫째, 조사대상 20개 생활시설 중에서 컴플라이언스 위반에 대한 내부고발자 제도 실시는 5.0%인 1개 시설, 시설 내 내부 고발자 보호 실시는 10.0%인 2개 시설, 컴플라이언스 문제에 대한 사적 대화 창구 마련은 15.0%인 3개 시설, 시설 내 컴플라이언스 관련 직원고충처리 제도 실시는 35.0%인 7개 시설, 컴플라이언스 위반에 대한 24시간 제보는 5.0%인 1개 시설만이 수행하는 것으로 나타났다.

둘째, 조사대상 29개 이용시설 중에서 컴플라이언스 위반에 대한 내부 고발자 제도 실시와 시설 내 내부 고발자 보호 프로그램 실시는 전혀 없는 것으로 나타났다. 그리고 사회복지 컴플라이언스 문제에 대한 사적 대화창구 마련은 41.4%인 8개 시설, 시설 내 컴플라이언스 관련 직원고충 처리제도 실시는 37.9%인 11개 시설이었으며 컴플라이언스 위반에 대한 24시간 제보는 6.9%인 2개 시설이 수행하고 있는 것으로 나타났다. 즉, 조사대상 노인복지시설의 컴플라이언스 보고와 상담 시스템 대응 수준은 매우 낮다고 할 수 있다. 따라서 향후 컴플라이언스 위반에 대한 보고 및 상담 시스템의 공식화·제도화가 필요하다고 할 수 있다.

〈표 6-16〉 보고와 상담 시스템

(단위 : 빈도, %)

구 분			시설 유형		계(N, %)
단 계	하위항목	여 부	생활시설	이용시설	
7단계 : 보고와 상담	컴플라이언스 위반에 대한 내부 고발자 제도	없음 있음	19(95.0) 1(5.0)	29(100) 0(0)	48(98.0) 1(2.0)
	시설 내 내부 고발자 보호 실시	없음 있음	18(90.0) 2(10.0)	29(100.0) 0(0)	47(95.9) 2(4.1)
	사회복지 컴플라이언스 문제에 대한 사적 대화창구	없음 있음	17(85.0) 3(15.0)	21(58.6) 8(41.4)	38(77.6) 11(22.4)
	복지시설 내 컴플라이언스 관련 직원고충처리제도	없음 있음	13(65.0) 7(35.0)	18(62.1) 11(37.9)	31(63.3) 18(36.7)
	컴플라이언스 위반에 대한 24시간 제보	없음 있음	19(95.0) 1(5.0)	27(93.1) 2(6.9)	46(93.9) 3(6.1)
		계	20(100)	29(100)	49(100)

⑧ 지속적 개선

컴플라이언스 위반 사례의 처리결과에 대한 공개제도를 실시하고 있는 시설은 조사 대상 49개 시설 중에서 9개로 18.4%이었고, 변호사 등의 외부 전문가에 의한 사회복지 컴플라이언스에 대한 지도 점검을 실시하고 있는 시설은 7개로 14.3%이었으며, 컴플라이언스 우수 기관과의 주기적 정보교류를 개최하고 있는 시설은 6개로 12.2%이었다.

이를 시설유형별로 구분해서 살펴보면,

첫째, 조사대상 20개의 생활시설 중에서 사회복지 컴플라이언스 위반 사례의 처리결과에 대한 공개 제도는 15.0%인 3개 시설, 변호사 등의 외부 전문가에 의한 지도점검 실시는 10.0%인 2개 시설, 사회복지 컴플라이언스 우수 기관과의 주기적 정보 교류 개최는 10.0%인 2개 시설이 수행하는 것으로 나타났다.

둘째, 조사대상 29개의 이용시설 중에서 사회복지 컴플라이언스 위반 사례의 처리 결과에 대한 공개제도는 20.7%인 6개 시설, 변호사 등의 외부 전문가에 의한 지도 점검 실시는 17.2%인 5개 시설, 사회복지 컴플라이언스 우수 기관과의 주기적 정보교류 개최는 13.8%인 4개 시설이 수행하는 것으로 나타났다. 즉, 조사대상 노인복지시설의 컴플라이언스 수준 향상을 위한 대응실태는 매우 저조하다고 할 수 있다. 따라서 향후 컴플라이언스 수행실태에 대한 외부에 대한 정보공개 및 통제, 우수 기관과의 주기적 정보교류 등 지속적 개선을 담보하기 위한 제도적 장치를 강화해야 할 것이다.

〈표 6-17〉 지속적 개선

(단위 : 빈도, %)

구 분			시설 유형		계(N, %)
단 계	하위항목	여 부	생활시설	이용시설	
8단계 : 지속적 개선	사회복지 컴플라이언스 위반 사례의 처리결과에 대한 공개제도	없음 있음	17(85.0) 3(15.0)	23(79.3) 6(20.7)	40(81.6) 9(18.4)

8단계 : 지속적 개선	변호사 등의 외부전문가에 의한 사회복지 컴플라이언스 준수에 대한 지도점검실시	없음 있음	18(90.0) 2(10.0)	24(82.8) 5(17.2)	42(85.7) 7(14.3)
	사회복지 컴플라이언스 우수기관 간의 주기적 정보교류 개최	없음 있음	18(90.0) 2(10.0)	25(86.2) 4(13.8)	43(87.8) 6(12.2)
		계	20(100)	29(100)	49(100)

(7) 컴플라이언스 수행실태 평가

조사대상 49개의 노인복지시설에서 수행하고 있는 컴플라이언스 8단계별 25개 하위 항목의 실행 여부를 통하여 종합점수를 매겼다. 즉, 각 항목에 대해 실행은 1점, 미실행은 0점을 부여하여 각 시설별로 종합점수를 산출하였다. 각 시설이 획득할 수 있는 종합점수의 범위는 최저점 0점에서 최고점 25점 사이이다.

조사대상 49개 노인복지시설이 획득한 컴플라이언스 수행 종합점수 분포의 특성을 보면, 첫째, 최저점 0점을 받은 시설은 3개로서 6.1%이었고, 최고점 23점을 받은 시설은 1개 시설로 2.0%이었다.

둘째, 중앙값 13점을 기준으로 하였을 때 중앙점 이하를 받은 시설은 41개로서 83.7%이었다. 즉, 대부분이 13점 이하의 점수를 받았다.

〈표 6-18〉 컴플라이언스 종합점수의 분포 및 특성 (단위 : 점수, N, %)

종합점수	시설 수	비중(%)	종합 점수	시설 수	비중(%)
0	3	6.1	11	1	2.0
1	4	8.2	12	5	10.2
2	4	8.2	14	3	6.1
3	2	4.1	16	1	2.0
4	5	10.2	20	1	2.0
5	4	4.1	21	1	2.0
7	2	4.1	22	1	2.0
8	6	12.2	23	1	2.0
9	3	6.1	합	49	100

조사대상 노인복지시설의 컴플라이언스 수행 종합점수[1]를 0~5점 이하는 최저등급, 6~10점 이하는 저등급, 11점에서 15점 이하는 양호등급, 15점에서 20점 이하는 우수등급, 21점에서 25점은 최우수등급으로 구분하여 분석한 결과를 살펴보면, 조사대상 노인복지시설 중에서 가장 많은 시설이 포함된 등급은 최저등급으로서 22개 시설이 포함되었고 44.9%를 차지하였다. 그리고 저등급은 13개로서 26.5%, 양호등급은 9개로서 18.4%, 우수등급은 2개로서 4.1%, 최우수등급은 3개로서 6.1%이었다.

이를 시설유형별로 구분해서 살펴보면,

첫째 조사대상 20개의 생활시설 중에서 최저등급에는 55%인 11개 시설, 저등급에는 10%인 2개 시설이 포함되어 저등급 이하가 총 13개로 65%에 이르고 있다. 그리고 우수등급과 최우수등급에 각 1개씩 포함되었다.

둘째, 조사대상 29개의 이용시설 중에서 최저등급에는 37.9%인 11개 시설, 저등급에는 37.9%인 11개 시설이 포함되어 저등급 이하가 총 22개로 75.8%에 이르고 있다. 그리고 우수등급에는 1개, 최우수등급에는 2개 시설이 포함되었다.

이를 종합적으로 평가해 볼 때 노인복지시설의 컴플라이언스 대응수준은 전반적으로 매우 낮은 수준에 있으며, 따라서 향후 컴플라이언스 수준을 높이기 위하여 체계적이고 종합적인 컴플라이언스 관리 시스템이 요청된다고 하겠다. 그리고 컴플라이언스에 대해 기관의 종사자들의 인식이 높고, 도입 필요성에 대해서도 분명히 인지하고 있으므로 노인복지시설에서 컴플라이언스 관리기법의 성공적 도입은 비교적 용이할 것이라 생각된다. 따라서 복지 이념에 근거하는 관련 법령의 정비와 기준(rule) 확립에 노력해야 하며, 특히 시설장은 누구보다 컴플라이언스에 대한 인식이나 필요성을 높게 평가하고 있으므로, 권리옹호를 위한 조직적인 컴플라이언스의 도입・활용을 위해서 이들의 적극적인 리더십 개발이 요청된다.

1 종합점수 25점이 만점이므로 이를 5점 급간으로 나누어 5등급으로 구분하였다.

〈표 6-19〉 노인복지시설의 컴플라이언스 수행 평가 (단위 : N, %)

구 분			시설 유형		계(N, %)
	등 급	점수분포	생활시설	이용시설	
평 가	최저등급	0~5	11(55.0)	11(37.9)	22(44.9)
	저등급	6~10	2(10.0)	11(37.9)	13(26.5)
	양 호	11~15	5(25.0)	4(13.8)	9(18.4)
	우 수	16~20	1(5.0)	1(3.4)	2(4.1)
	최우수	21~25	1(5.0)	2(6.9)	3(6.1)
		계	20(100)	29(100)	49(100)

종합평가 점수분포가 높게 분포된 복지시설의 경우, 이용자에 대한 권리옹호 대응 수준도 높다고 유추할 수 있다. 그렇지만 조사대상 시설은 전반적으로 낙제점에 가까우며 체계적인 컴플라이언스 관리가 활용되고 있지 않는 현실에서 개별 사업자의 임의적 대응 외에 컴플라이언스에 대한 제도적·체계적 대응은 거의 전무하다고 평가할 수 있다. 따라서 공식적이고 제도적인 컴플라이언스 관리시스템이 도입된다면 이용자의 권리옹호 지원이 훨씬 효과적이라 할 수 있으므로 제도적·관리적인 컴플라이언스 도입이 요청된다 하겠다.

3. 권리옹호를 위한 컴플라이언스 도입방안

연구목적 달성을 위해 두 가지 방향에서 도입방안을 도출하고자 한다. 첫째, 관리적 방법론으로서 컴플라이언스 도입방향, 둘째 권리옹호를 실현하는데 효과적인 컴플라이언스 도입방향으로 나누어 논의하고자 한다. 특히 본 연구의 핵심이라 할 수 있는 후자의 도입방안과 관련해서는 그 방향을 다시 컴플라이언스에 대한 인식을 중심으로 ① 컴플라이언스 문제, ② 컴플라이언스 유형, ③ 컴플라이언스 수행실태와 관련된 구체적 도입 방안을 제시할 것이다.

1) 관리적 도입방안

(1) 통제환경의 재정비와 시스템 구축

컴플라이언스 도입은 시설 종사자 전체의 의식개혁에서 출발해야 하며, 조직 문화를 결정하고 조직 내 모든 사람의 통제에 대한 의식에 영향을 주는 것이다. 특히 구체적인 사례연구를 통해 통제 환경을 검토하는 것이 매우 중요하다. 예를 들면, 기관장의 메시지는 전달되고 있는가? 조직문화에 문제가 없는가? 조직이 관료화되어 있지 않은가? 제도에 대한 피로를 느끼지 않는가? 상황에 따라 해석이 달라지고 있지 않은가? 개인의 자의적 판단에 의해 관리되고 있지 않은가? 이와 관련하여 조사대상 시설에서 컴플라이언스 관련 문제로서 공통적으로 '시설 사유화', '업무 이외 각종 행사 강제동원,' '의견의 형식적 반영' 등의 수치가 높게 나타나고 있는 점을 고려할 때, 윤리・법령준수를 위한 적절한 통제환경 구축이 제대로 작동되지 않고 있다고 볼 수 있다.

통제환경 재정비를 위해서는 컴플라이언스 관련 제도 및 프로그램 운용을 통한 통제 시스템 구축이 필요하다. 시스템 구축은 P(Plan)－D(Do)－C(Check)－A(Action) 사이클과 같은 매니지먼트 모델 도입이 필수적인데, 최고 관리층의 승인 하에 매년 지속적으로 관리・운영되어야 효과적이다.

① 목표(Plan)

컴플라이언스를 도입할 때 가장 먼저 해야 할 일은 계획을 수립하는 것이다. 복지조직에는 조직목표와 운영목표, 역할과 과제 등이 결정되어 있으므로 그것을 달성하는 것이 기본사명이다. 따라서 무엇이 가장 중요한가를 판단하여 조직윤리 기준・행동규범과 같은 기본방침을 정해야 한다. 컴플라이언스와 관련된 윤리기준 제시, 조직이념이나 경영이념, 행동헌장 등이 이에 해당된다. 계획의 성공을 위해서는 위원회를 만들고 각 부서에서 인력을 참여시켜 조직을 어떻게 만들어 갈 것인가, 조직 내 교육을 어떻게 할 것인가, 리스크에 직면했을 때 어떻게 대응하고 처리해 나갈 것인가 등 매우 세부적인 실천계획을 확립해야 한다.

본 조사에서는 특히 '위원회 설치(34.5%)'를 비롯한 '전담직원 배치(24.1%)', '컴플라이언스 관련 교육계획서 구비(20.4%)'와 '부서 설치(18.4%)' 등 전반적으로 목표 이행계획 수립과 관련하여 노인복지시설 수행실태가 매우 저조하므로 법인직속 또는 독립된 형태의 컴플라이언스 추진위원회를 설치하고, 윤리・법령 준수와 관련된 행동규범(code of conduct)을 제정해야 한다.

② 규칙제정과 조직구축(Do)

윤리・법령 준수 규칙제정과 조직을 만들 경우, 그 체제에는 다음과 같은 기본적 요소를 만들어야 한다(森山滿, 2003). 첫째, 룰(행동준칙), 둘째 내부견제 및 감사시스템, 셋째 보고・상담제도, 넷째 긴급 시 행동프로그램이다.

첫 번째의 규칙제정은 컴플라이언스에 관한 규정을 제정하는 것으로 행동규범 또는 윤리기준 및 행동지침을 정해야 한다. 우선 큰 과제 또는 목표를 내건 규칙을 제정하고 상세하고 구체적인 내용을 정한 규칙을 정한다. 다음에 내부고발에 관한 규정을 제정해야 한다. 컴플라이언스 도입과정에 내부고발은 빼놓을 수 없다. 내부고발제도를 구축하여 조직 내・외에서 원활한 소통을 도모해야 한다.

두 번째는 컴플라이언스에 관계하는 조직을 결정해야 한다. 기존 조직을 활용할 수도 있고 새로운 조직을 만들 수도 있지만, 각 조직이 처해 있는 상황에 대응하면서 공통적인 조직구조를 확립해야 한다. 특히 조직 최고관리층이 참가하는 컴플라이언스 위원회를 만들어 책임을 공유해야 한다.

세 번째는 컴플라이언스 관련 교육 프로그램을 설치해야 한다. 여기에는 시설 내 연수와 시설 외 연수가 가능하다. 전자는 신입사원연수, 윤리연수, 업무매뉴얼 연수, 정기연수, 임시연수 등을 통해 가능하고, 후자는 테마별 연수, 사회복지협의회・대한변협 등 관련 단체와의 연수기획도 가능하다. 연수방식은 강사초빙, 조직 내 전문가 활용, 기업최고 관리자, 세미나, 워크숍, 개인면담 등을 연계하여 개발해야 한다. 물론 이 경우에는 교육 프로그램에서 활용할 수 있는 컴플라이언스 매뉴얼도 함께 개발해야 한다.

컴플라이언스 매뉴얼의 개요

1. 행동규칙
2. 기본용어 해설
3. 준수사항
4. 각 법령해설
   (1) 프라이버시 보호에 관한 제반 규정
   – 세계인권선언, 고령자를 위한 행동원칙, 장애인의 권리선언, 아동권리조약, 대한민국헌법, 장애인복지법, 사회복지사업법, 개인정보호보호법 등
   (2) 운영 및 근거기준에 관한 법
   – 사회복지시설운영기준, 사회복지사업법, 아동복지법, 아동학대에 관한 법률, 모자복지법, 노인복지법, 노인장기요양보험법, 장애인복지법, 정신보건복지법, 민법, 소비자보호기본법, 소방법, 건축기본법, 의료법, 약사법, 근로기준법, 산업안전보건법
   (3) 전문성과 윤리기준에 관한 법
   – 사회복지사윤리강령기준, 정신보건복지사윤리강령, 의사직업윤리지침, 간호사, 약사윤리강령
5. 컴플라이언스 조직에 관한 해설

[그림 6-2] 컴플라이언스 매뉴얼의 개요

네 번째는 컴플라이언스와 관련 불상사에 대응하는 긴급행동 프로그램의 개발과 운용이다. 예를 들면, 컴플라이언스 일환으로서 리스크매니지먼트를 활용하여 다양하게 발생할 수 있는 긴급 상황에서의 대응을 훈련해 볼 필요가 있다. 그러기 위해서는 각 부서에서 리스크를 분명히 점검해야 한다. 효과적인 운용을 위해서는 컴플라이언스를 통괄하는 부서나 담당자를 설치하고 일원화해야 하며, 각 부서단위로 추진책임자, 실시 담당자를 명확히 배치하여 상호통제하는 체제를 구축해야 한다.

③ 감사(Check) 체제 정비

자기체크, 내부감사, 외부전문가 체크와 같은 3단계 과정을 거쳐야 하며 그

를 위한 내부규정을 정비한다. 조사대상 노인복지시설들의 경우 윤리・법령 준수와 관련된 감사와 모니터링으로서 주기적 실태분석(14.3%) 수행수준이 매우 저조하므로 감사체제 구축에 노력해야 한다. 예를 들면, 시설운영위원회는 자기체크 기능을 수행하고 법인이사회 직속으로 내부감사부서를 설치하고 지역사회복지협의회, 지역사회복지사협회 등을 활용한 포괄적 외부전문가 감사체제를 도입하는 방안도 가능할 것이다.

④ 행동(Action)

컴플라이언스 체제운용 상황을 감사하여 얻은 지도 결과, 조언 등에 따라 시설 운영체제를 수정한다. 조사대상 노인복지시설의 경우 '처리결과 공개(18.4%)', '외부 지도점검(14.3%),' '정보교류(12.2%)' 등 지속적 개선을 위한 행동수준이 매우 미흡하므로 기관 홈페이지나 사회복지관이나 시설협회 등의 홈페이지 등에 주기적으로 컴플라이언스 개선조치를 공시하도록 의무화할 필요가 있다.

(2) 컴플라이언스 인력양성 프로그램 개발

사회복지조직의 목표달성을 위해 필요한 인력의 기능과 역할은 〈표 6-20〉에서와 같이 케어워커, 코디네이터, 심판자, 계획자로 구분하는 것이 일반적이다. 그렇지만 본 연구의 조사 결과에 비추어 본다면, 복지조직에서 윤리법령 준수 사업을 현장에서 수행하는 전문 인력 시스템과 관련한 실태－컴플라이언스 관련 교육(51%), 교육수행계획서 작성(20.4%), 교육인력 부서설치(18.4%)－는 매우 저조한 수준이다.

90년대 이후 조직 관리에서 위법행위 방지를 위한 감사와 통제 중심의 경영에서 스스로 정한 책임있는 원칙을 실천하기 위한 현장중심의 관리가 대세를 이루면서 교육과 훈련을 통해 책임과 권한을 위양하는 방식이 주목받고 있다. 이런 방식은 광의의 컴플라이언스의 확산을 의미하며 책임 있는 행위를 실천하는 조직 구성원을 양성하는 프로그램 개발 필요성을 촉구하는 것이기도 하다. 특히 교육훈련 프로그램을 운용하면서 윤리법령 준수 수준을 지속적으로 개선하는 역할을 담당하는 전문 인력을 배치하는 것도 매우 중요하다.

〈표 6-20〉 복지인력의 기능과 역할

복지인력		기 능		역 할
케어워커	←	케어 등 직접서비스 제공	→	커뮤니티비즈니스 볼런티어
코디네이터	←	욕구파악과 서비스 조정	→	복지위원 각종 지원단체 등
		서비스 이용지원과 권리옹호		사회공헌형 활동가 생활지원 네트워크 활동
컴플라이언스 워커	←	법령 준수 및 가치공유 책임명시와 임파워먼트	→	지역사회에 대한 책임 있는 서비스 실천 활동
심판자	←	감독, 감시, 평론	→	시민에 의한 서비스 모니터링 활동 등 케어상담원
계획자	←	정책, 지역 활동 기획, 추진	→	지역활동계획가 NPO 활동 계획가 등
제도에 근거한 사업(profession) 기능 담당자				지역사회 속에서 필요한 기능을 다양한 형태로 담당하는 자

* 컴플라이언스 워커를 코디네이터의 역할과 기능 속에 편재시키는 방법도 가능하다고 보고 영역구분을 점선으로 처리
* 자료출처는 2007년 발행된 東京都社會福祉協議會の「利用者本位の福祉現場に向けて」을 참조로 연구자가 재구성함.

컴플라이언스 인력양성 프로그램을 개발하기 위해서는 다음과 방법으로 진행하는 것이 효과적이라 생각된다. 즉, ① 인재양성 기능을 갖춘 '핵심' 시설설치, ② 사회복지사, 변호사협회 등 전문직 집단의 활용, ③ 복지서비스에 대한 외부평가 등의 기능을 충분히 활용, ④ 고충처리 등을 통한 이용자 욕구의 충분한 활용, ⑤ 행동을 촉구하기 위한 사례연구나 팀티칭 등 효과적인 도구개발, ⑥ 관리자의 의식개혁을 위한 매니지먼트 연수 등과 같은 대응 프로그램 개발이다. 그렇지만 인력양성을 위해서는 다음과 같은 점에 유의해야 할 것이다. ① 최고관리층에 의한 윤리법령 준수의 비전 명확화와 개별직원의 행

동지침 설정 필요성, ② 인력양성 계획, 연수계획, 명확한 팀리더의 역할 수립, 인사고과 반영 등 인력양성 체제정비와 철저한 진행관리 계획 체제를 구축하여 서비스 질 향상을 통한 '직원의 만족', '관리자의 만족', '이용자의 만족'을 지향해야 할 것이다.

2) 권리옹호적 도입방안

사회복지기관에서 권리옹호 시스템 구축을 위해 운용할 수 있는 프로그램은 이용자 보호 · 자기결정 지원 · 문제해결 지원을 위한 프로그램이라 할 수 있다. 이러한 프로그램의 구성내용에 초점을 맞추어 조사 결과를 바탕으로 도입방안을 제시하면 다음과 같다.

(1) 컴플라이언스 문제와 관련된 도입방안

조사대상 시설은 공통적으로 '시설 사유화', '실무자나 이용자 의견의 형식적 반영', '직원의 업무 외 각종 행사에 강제동원' 문제 등과 같이 시설 설립 목적 위반과 서비스 질 저하에 심각한 영향을 미치는 사안들이 지적되고 있다. 이런 문제는 결국 충분한 양과 질의 서비스를 이용해야 하는 이용자의 수급권을 침해함으로써 이용자에게 직 · 간접적인 피해를 유발하는 요인이 된다. 따라서 이용자 보호를 위한 권리옹호 프로그램이 확충되어야 한다.

구체적으로는 요양시설 서비스에 대한 정보 접근권과 감사와 평가 프로그램을 강화해야 한다. 법령위반이나 인권침해, 직원들의 신뢰와 만족도, 회계부정 등과 같은 정보와 감사 및 평가정보 등을 이용자들에게 공개하여 서비스 계약체결에 활용하도록 하여 권익을 침해당하는 일이 없도록 해야 한다. 특히 시설 사유화와 관련해서는 이용자와 가족들에 의한 주체적인 시설평가를 실시하고 시설 사유화에 의한 서비스 이용폐해를 판단할 수 있는 '서비스 이용자에게 불리한 정보' 등의 정보열람 신청과 정보제공을 원칙으로 하는 자체 행동기준이나 프로그램 개발을 장려하는 인센티브를 고려해야 할 것이다.

(2) 컴플라이언스 유형과 관련된 도입방안

복지기관의 이해관계자는 서비스 이용자뿐만 아니라 조직구성원, 이사회, 행정, 지역사회 등 매우 다양하지만 컴플라이언스 관리유형에서 이용자가 가장 중요한 존재인 것만은 분명하다. 따라서 노인에 대한 방침을 정한 후에 그것을 준수하면서 노인의 목소리를 관리운영에 반영해 가기 위해서는 다른 분야의 행동기준뿐만 아니라 조직 내의 체제유형이 분명히 설정되어야 할 것이다.

권리옹호를 위한 컴플라이언스 수행 유형에 관련하여 기본전제는 '거버넌스(53.6%)'와 '독립(58%)' 컴플라이언스 유형 양자를 복지기관의 환경에 맞게 적절히 도입·운용하는 것이다. 거버넌스 유형은 시설장과 평직원, 생활시설에서 선호하고 독립유형은 중간관리자와 이용시설에서 선호하는데, 시설장은 운영에 대한 기본방침을 설정한다는 차원에서, 평직원은 생활지원 실무자란 역할이 정책결정과는 일정정도 거리가 있다는 입장에서 거버넌스 유형을 더 유용하다고 생각하며, 서비스 계획이나 조정의 역할을 담당하는 중간관리자와 선택과 욕구를 중시하는 이용시설 차원에서는 현장의 필요에 의한 즉각적인 의사결정과 서비스 조정이 필요하므로 독립방식을 더 유용하게 판단하는 것으로 생각된다.

하지만 그 차이는 극히 미미하므로 두 유형을 융합하여 시설환경에 적절히 운용하는 관리체제 설정이 매우 중요하다고 생각된다. 즉, 조직의 최고 관리자층이 직접 컴플라이언스 관리에 관여함과 아울러 독립성을 가진 컴플라이언스 전문부서가 행동기준 실천과 보급개발에 대응하는 체제가 중요하다고 생각된다. 시설장은 컴플라이언스 관리에 지속적으로 대응하면서 가시적인 대응구조를 만드는 것이 중요하다. 시설장이 명확한 기준을 제시하고 자체 행동기준을 정하고 담당부서에서 교육훈련을 수행하면서 실천·운용되어야 한다. 이에 더하여 이용자의 고충해결이나 조직 내에서의 보고를 바탕으로 행동기준을 사후적으로 점검하고 시설장은 그것을 반영하여 지속적으로 개선하는 순환적 컴플라이언스 체제가 필요하다. 특히 이용자 학대나 계약내용 위반 등 이용자의 권익을 침해하는 사건이 발생할 경우, 현장 사회복지사들이 즉각적으로 시정조치를 행하고 이용자의 욕구를 반영하여 서비스 선택과 이용지원을 강화할 수 있는 적극적인 조치가 가능한 유형을 고안해야 할 것이다.

구체적인 컴플라이언스 운영방향과 관련해서는 기관의 '상위이념 구체화', '케어서비스 전문성 지향', '최저기준' 컴플라이언스가 상위를 차지하고 있다.

이런 결과를 권리옹호와 관련시켜보면, 권리옹호의 이념을 시설 운영방침에 명확히 규정한 후, 권리옹호를 충실히 반영한 컴플라이언스 실천 최저기준을 설정해야 할 것이다. 그리고 노인복지시설의 전문적인 케어서비스 제공 환경에 중요하게 다루어야 할 보호・문제해결・자기선택 지원을 반영한 케어서비스 중심 컴플라이언스 행동기준(rule)을 설정해야 할 것이다.

(3) 컴플라이언스 수행실태와 관련된 도입방안

노인복지시설의 컴플라이언스 수행실태가 전반적으로 평균 수준이하라는 분석결과는 이미 지적하였는데, 리더십에서부터 지속적 개선 활동까지 만족할 만한 높은 수준을 보여준 결과는 찾아볼 수 없다. 특히 권리옹호의 직접적 실천통로라 할 수 있는 내부고발자제도(2.0%)와 직원고충처리제도(36.7%), 24시간 제보(6.1%)에 관한 보고와 상담 체제, 지속적 개선활동과 관련된 윤리법령 위반 처리결과 공개(18.4%), 외부점검(14.3%), 정보교류(12.2%), 교육수행계획(20.4%)과 교육인력 부서 설치(18.4%) 등도 저조한 편이다.

따라서 권리옹호적 컴플라이언스 수행을 위한 제도적・시스템적 환경이 부족하다는 것을 기본전제로 하면서, 권리옹호 실천을 강화하는 프로그램을 컴플라이언스 관리시스템에 확충하는 노력을 아끼지 말아야 할 것이다. 구체적으로는 제3자 평가 프로그램, 고충해결 상담기구, 내부고발자 보호제도, 정보공개 및 보호제도, 복지시설 옴부즈맨 도입, 마지막으로 이런 수행방안들을 기본원칙으로 설정하기 위한 권리옹호적 컴플라이언스 행동기준(rule) 설정을 제시할 수 있다.

① 지역중심의 서비스 외부평가 강화

복지서비스 기반 및 실시상황, 실시결과를 평가하기 위한 제3자적 입장의 외부평가가 필요하다. 이러한 평가는 복지부가 주도하고 민간 전문가가 참여하는 기존의 시설평가 형태가 아니라 지방자치단체가 공모하는 평가기관의 선정을 통해 이루어지는 것이 지역 주민들의 복지 및 권익옹호에 적합한 형태라 생각된다. 물론 외부평가는 서비스 실시상황과 결과를 평가하는 내부평가와 결합된 형태로 서비스 기반과 실시상황을 점검하는 내용으로 구성되어야 할 것이다.

평가내용은 노인복지시설의 운영이념과 복지서비스의 구체적 실천상황을 평가하는 내용이 강조되어야 할 것이다. 서비스 평가내용은 이용자 및 가족에게 복지넷과 같은 인터넷에 공개되고 개별복지기관을 통해서도 공개되어 열람할 수 있어야 할 것이다. 이런 조치는 복지기관에 대한 사회적 신뢰성과 컴플라이언스 수준향상에 크게 기여할 수 있을 것이다.

② 이용자 및 종사자의 고충해결 상담부서 확충

이용자 및 시설 종사자의 고충해결 상담 기구는 적절한 서비스 제공과 지원을 통해 노인을 비롯한 이용자의 권리를 옹호하는 것이 목적이 되어야 한다. 이용자는 자신이 이용하는 서비스에 대하여 '기분이 내키지 않는' 상황이나 느낌에 대하여 주장할 수 있어야 하며, 판단능력이 불충분한 노인의 경우 법정 후견인이나 대리인을 통한 이의제기가 가능해야 한다.

또한 시설 종사자는 자신의 활동이 '윤리법령 준수에 맞지 않는' 상황이라면 그에 대하여 어떻게 대응하는 것이 좋은지 수시로 상담할 수 있어야 한다. 고충해결 상담부서와 인력을 시설 내에 설치하여 24시간 고충내용을 상담하고 조사・처리상황을 통보하는 절차가 마련되어야 하며, 동시에 지역사회복지협의회와 같은 거점기관에 '지역고충처리위원회'와 같은 이중 통로를 설치하여 지역에서 편리하게 접근할 수 있는 체제를 만들어야 할 것이다.

③ 내부고발자 보호 프로그램 도입

윤리적인 행동을 할 수 있는 조직 환경을 만드는 것은 매우 중요하다. 내부고발자에 대한 보상이나 보호제도가 필요하고 고발자가 밝혀지게 되면 배신자나 말썽꾼으로 취급받아 조직으로부터 복수당하는 분위기가 아니라, 개인의 정체성을 분명히 보호해주는 환경을 구축해야 한다.

내부고발자 보호는 개인의 생명・신체・재산 등에 관한 범죄가 일어나거나 그럴 위험이 있는 경우에 이에 대하여 제보하는 자를 해고나 부당업무 배치 등으로부터 보호하고 제보하는 기관의 의무를 정한 프로그램이다. 사회복지분야에서는 시설의 이용자 학대와 관련하여 직원이나 이용자 가족 등에 의하여 외부에 알려지는 경우가 있었다. 우리나라의 공공부문에서는 2002년 제정된 부패방지법에 의해 내부고발자가 공익제보자로서 어느 정도 보호받을 수 있는 방안이 마련되어 있지만, 복지시설을 비롯한 민간복지 분야에서는 제보자는 보호의 사각지대에 방치되어 있다.

내부고발자 보호 프로그램은 그와 관련된 보호법(공익제보자보호법)을 제정하는 것을 기본전제로 개별 복지기관에서 내부고발자의 제보를 다루고 보호하는 의무를 부과한 프로그램이 정비되어야 한다. 이 경우 개별 복지시설에서 마련할 수 있는 구체적 조치로서는 우선 공익제보와 관련된 처리절차를 정비하는 것이 중요하다. 예를 들면, 접수－예비심사자－조사담당자－결재자－시정조치와 같은 업무절차를 마련해야 한다. 또한 제보자에 대한 비밀유지가 되어야 하고, 업무처리 과정에서 이해 관계자는 배제해야 한다. 그리고 해고 및 불이익 처분금지를 충분히 주지하고 보호하기 위한 구체적인 내부규정을 정비해야 한다.

④ 정보공개 및 보호 프로그램의 강화

복지서비스에서 정보획득은 중요한 권리이며 서비스 이용의 전제조건이 된다. 따라서 서비스 대응체제, 복지기관의 불상사 처리 결과 등 서비스 내용과 시설운영 등에 대한 정보를 공개하는 것은 권리옹호의 기본요소로 볼 수 있다. 시설 관리자는 설명노력 의무, 과대광고금지, 서비스 이용절차, 서비스 계약내용에 대한 안내장 등이 필요하고 적절한 정보공개 프로그램을 설정해야 한다. 제공되어야 할 정보는 서비스 개요, 고충해결 및 이의신청 제도까지 광범위한 내용이 포함되어야 한다.

개인정보에 대한 보호는 오히려 강화되어야 한다. 내부고발자를 비롯한 조직내부 구성원뿐만 아니라 서비스 이용자의 개인정보도 보호되어야 한다. 특히 사회복지에서 필요한 정보는 매우 세부적이고 구체적인 부분이 많으므로 정보가 노출되면 악덕상술이나 사기의 피해자가 되기 쉽다. 여기서 개인정보는 성명과 생년월일뿐만 아니라 특정개인을 식별할 수 있는 내용도 포함한다. 각 시설에서는 개인정보 보호에 대한 명확한 매뉴얼과 행동원칙을 설정해야 한다.

⑤ 복지시설 옴부즈맨 도입

옴부즈맨은 정부에 대한 시민의 고충을 조사하기 위하여 임명된 공적인 심판관을 의미한다. 따라서 시설 영역에서 복지옴부즈맨을 적용해 보면, 복지시설의 서비스 이용에 대한 불만이나 비판을 적극적으로 수용하기 위하여 불만이나 비판정보를 수집하고 대응하는 역할을 하는 사람이다. 그런데 사회복지에서 필요로 하는 옴부즈맨은 권리옹호의 한 축이 된다. 왜냐하면 권리옹호의 기본은 본인 의사와 욕구충족 실현인데 복지옴부즈맨도 궁극적으로 복지책임자가 고충처리를 통해 이용자의 의사와 욕구를 지원하는 데에 목적이 있기 때문이다.

옴부즈맨은 예산이나 조직 측에서 최고관리자와는 독립된 조직으로 활동할 수 있도록 하고 이용자 대변・옹호・지원 역할을 보장해야 한다. 예를 들면, 첫째 차별이나 학대에 대한 이의 및 고충에 대한 대응, 둘째 법적 조언과 법률 제정에 대한 조사활동, 셋째 활동내용 보고와 법안 등에 대한 의견제안 내용 등에 대한 뉴스레터 발행과 같은 정보제공, 넷째 케어서비스 질 관리와 평가에 참가, 다섯째 시설의 프로그램이나 정책결정에 당사자 입장으로 참가, 여섯째 당사자 조직결성 지원 활동이 가능해야 한다.

⑥ 컴플라이언스 행동기준(rule) 작성 지원

컴플라이언스를 효과적으로 수행하기 위해서는 명확한 행동기준을 도입하기 위한 지원이 필요하다. 시설 종사자들에게 컴플라이언스 규칙 책정의 필요성을 연수회 또는 정보교류회 등을 통해 전달하고 각종 연수회를 활용하는 등 이용자 의식을 고양하기 위한 노력을 확대해야 한다. 가능하다면 외부 NPO 단체 등과 연계하여 컴플라이언스 룰 작성 지원을 받는 방안도 바람직하다.

컴플라이언스 행동기준의 개요는 〈표 6-21〉과 같이 서비스 제공이념, 역할, 공익제보, 비밀보장, 사고방지 대응, 고충처리, 서비스의 질, 컴플라이언스 기준과 실행방법, 평가 등으로 구분하여 작성한다.

〈표 6-21〉 컴플라이언스 룰의 개요 예시

사회복지법인에서는 관계법령과 윤리를 준수하며 다음과 같은 행동규범을 바탕으로 서비스를 제공한다.
1. 서비스 제공 이념 　　－생명과 생활의 유지·보호를 위한 권리옹호 　　－이용자 보호, 자기결정과 선택, 서비스 이용지원 2. 운영이념과 기준에 부합하는 독자적 서비스 3. 관리자와 사회복지사의 역할 4. 공익제보 　(1) 목적, 방법, 공익제보처 　(2) 공익제보 시스템 　　－공익제보의 정의와 시스템의 목적 　　－공익제보자의 취급 　　－공익제보 내용 : 법령위반, 인권, 기타 사항 　　－공익제보 방법 : 절차, 요건, 외부기관 통보 5. 비밀보장 이념과 방법 　　－정보수집방침, 정보취급과 보호, 정보게시 절차 6. 사고방지 대응 　　－사고방지 대책, 사고발생시의 대응 7. 고충대응 　　－고충상담 절차, 고충접수 및 대응방법 8. 전문 서비스 질 향상을 위한 방법 　　－처우, 간호, 케어, 레크리에이션, 식사, 목욕 　　－서비스 질 평가, 평가정보 공개 방법 　　－서비스 이용계약, 서비스 이용지원, 이용 상담 　　－시설옴부즈맨 9. 컴플라이언스 기준 공개 및 실행방법 　　－공개목적, 공개방법, 의견 및 문의 접수 방법 　　－컴플라이언스 기준 설정 목적, 실행, 개정, 슈퍼비전

출처 : 「사회복지법인 青葉の森」의 컴플라이언스 룰(rule) 등 실제 매뉴얼을 참조하여 연구자가 재작성, 谷德行, 2007, "高齢者·障害者の權利擁護とコンプライアンスルール策定支援". 『月刊福祉』 2007.12, 全國社會福祉協議會, pp. 26-29.

컴플라이언스 도입의 과제

1 컴플라이언스 도입목적
2 컴플라이언스 프로그램의 효과성
3 컴플라이언스 책임자
4 컴플라이언스 프로그램의 이슈 범위
5 컴플라이언스 담당인력의 권력과 자원수준에 대한 합의

미국에서 컴플라이언스가 개선방안에 대한 주제로 KPMG가 2000년 직장인 3,000명을 대상(2,400명 회수)으로 실시한 조사 결과(2000 Organizational Integrity Survey : A Summary)에 의하면 ① 회사기준을 준수하는데 대한 인센티브와 홍보(51%), ② 최고경영층의 컴플라이언스에 대한 강한 동의(50%), ③ 자신의 업무에 대한 보다 많은 시간과 자원(50%), ④ 사내 의문이나 문제제기에 대한 보다 강한 지원(48%), ⑤ 의사소통과 훈련의 충실(46%), ⑥ 보다 현실적인 업적목표(38%), ⑦ 이사회의 감독강화(37%), ⑧ 보다 좋은 방침과 업무절차 매뉴얼(36%), ⑨ 감독과 내부통제 강화(28%)이다.

이상 조사 결과에서 보면 컴플라이언스 위반 원인이 개인의 윤리관 문제가 아니라 조직구조 문제라는 것을 알 수 있다. 불상사를 일으키는 조직은 결코 작은 조직이 아니라 거대조직인 경우가 많다. 그러한 조직에는 우수한 인재들이 모여 있을 것이다. 불상사 원인은 최고관리층의 동의, 직속상사의 동의, 컴플라이언스를 경시하는 조직풍토, 교육 및 연수 등 정보와 커뮤니케이션 부족, 매뉴얼 부족 등과 같은 시스템 문제이다.

컴플라이언스 도입을 기계적·관리적 효율을 위해서만 추진하면 복지기관의 설립목적에 부응할 수 없을 것이다. 즉, 복지기관의 성실성과 책임성 달성에 효과적으로 대응하지 못할 것이다. 따라서 컴플라이언스 도입이 이용자의 권리옹호에 충분히 기여하기 위해서는 다음과 같은 과제에 대해 기관 내에서의 충분한 논의가 있어야 한다. 이를 구체적으로 살펴보면 다음과 같다.

1. 컴플라이언스 도입목적

컴플라이언스 수행을 위해서는 조직의 목표와 과정 등을 분명하게 이해하고 있어야 한다. 조사대상 시설에서는 노인복지시설 종사자들 전체가 컴플라이언스 도입 필요성에 대해 공감하고 있고, 특히 시설장들은 더욱 필요성을 공감하고 있으므로 도입목적에 대한 합의는 다른 조직보다 명확하게 설정할 수 있으리라 생각된다. 그러나 기준들에 맞게 성실한 관리가 유지되어야 하며 컴플라이언스 프로그램이 존재하지 않는다면 인권침해나 사고 등에 대해 대응하지 못해 이용자의 복지와 권리보호가 불가능하다는 것을 실제로 인식할 수 있어야 한다.

컴플라이언스가 단순한 지배도구로 전락하지 않기 위해서는 그것이 어디까지나 수단이며 이 수단으로 실현하려는 목적을 항상 의식해야 한다. 그 목적은 기업이나 조직 범위가 아니라 어떤 사회를 지향하고 실현할 것인지에 대한 이념과 관련된다. 곧 보다 보편적인 관점에서 그 목적을 생각해야 한다.

예를 들면, 다음과 같은 질문들을 염두에 두고 컴플라이언스 목적을 구체화해야 할 것이다(高野範城・荒中・小湊純一, 2005 : 128-139).

① 질병・장애・노령・사고 등에 의해서도 본인은 물론 가족들이 편안하고 안락한 생활을 할 수 있도록 지지하는 시스템을 구축하는 것이며, 아울러 의료, 복지, 법률 각 서비스가 24시간 365일 언제・어디서나 풍부한 메뉴 속에서 필요한 양만큼 선택할 수 있는 시스템이 갖추어져 있는가?

② 질병・장애・노령 등 본인의 상태나 처해진 입장을 최대한 존중하는 지원이 수용되는 시스템인가? 개인의 상병과 연령, 성별, 가족과의 경제력 및 지원 능력을 전제로 개인의 상태를 최대한 이해하며 서비스를 제공하고 있는가와 관계된다.

③ 고품질, 안전, 저렴한 서비스가 적정하게 제공되는 시스템이 정비되고 있는가? 정보량, 교섭 노하우, 자금력 등 모든 면에서 서비스 사업자가 이용자 보다 압도적으로 우위에 있지만 대등한 입장을 구축하도록 법제도가 정비되고 운용되고 있는가?

④ 프라이버시를 존중하는 사고방식과 자부심을 소중히 여기는 삶의 방식이 침투되어 있는가? 적극적으로 자신의 모든 개인정보를 스스로 통제할 수

있는 권리에 대한 이해가 공유되고 존중하는 대응이 이루어지고 있는가? 아울러 인간이 아무리 곤궁에 처하더라도 인간답게 생활할 수 있는 권리가 공유되고 있는가?

⑤ 투명성을 중시하는 사고방식이 깊숙이 침투되어 있는가? 빛이 도달하지 않는 곳은 반드시 부패하게 된다. 폐쇄성 사회는 물론 모든 활동에 대한 정보공개 필요성에 대한 공통적으로 이해하고 있으며 이것이 실천되고 있는가?

⑥ 공정성을 중시하는 규범이 침투되어 있는가? 타인을 위하여 또는 타인에게 영향을 미치는 활동을 하는 사람들에 대한 행위규범이 본인은 물론 모든 사람들에게 당연한 전제로 되고 있는가?

2. 컴플라이언스 프로그램의 효과성

많은 조직들에게 컴플라이언스 프로그램은 조언이나 상담으로 기능해 왔다. 그러나 경영분야에서 컴플라이언스 프로그램은 수많은 책임성 관리에 관여해 왔거나 모니터링과 비즈니스 관리와 같은 업무 보증활동으로 표현되어 왔다. 하지만 사회복지조직에서 컴플라이언스는 서비스 질 보증과 이용지원을 위한 권리옹호 수단으로 기능해야 하므로 보호와 자기결정 지원, 문제해결과 같은 노력을 지원하는 교육적 역할을 수행해야 한다.

컴플라이언스는 외국에서 기업통제 수단으로 출발했던 것이므로 서비스 소비자인 시민의 권리옹호를 목표로 하는 수단으로 받아들여진 것은 아니었다(高野範城・荒中・小湊純一, 2005 : 128-139). 그런데 법을 준수하는 것은 당연한 것으로 생각하지만, 일단 조직일원이 되어 집단으로 활동하면 조직자체가 이윤추구에 매몰되어 법령준수를 경시하게 될 경우 종업원 개인은 이에 저항하기가 곤란해진다. 이러한 경우에, 미리 법령준수 등에 대한 구체적인 규칙(rule)이 정해져 있어, 이러한 규칙을 위반하는 경우가 있다면 그것을 지적하더라도 불이익을 받는 일은 없어야 한다는 취지가 확립되면, 컴플라이언스 프로그램이 보다 원활히 활용될 수 있다.

또한 서비스 이용자가 일반시민인 경우 구체적으로 결정된 규칙이 공개된다면 이를 기준으로 서비스 내용이 질 좋고 적절한 것인지를 스스로 판단할 수 있게 되어 이에 기반한 서비스 내용 선택이 행해진다. 따라서 고충신청이 손쉽게 가능해지고 중도계약도 할 수 있게 된다. 그런데 노인은 판단능력이 불충분한 사람이 적지 않고 판단능력이 있다고 해도 도와줘야 한다는 의식이 깊어 결과적으로 주체적으로 서비스를 선택할 수 없는 상황이 만들어지는 경우가 많다. 주위가족들은 물론 제3자도 결국은 타인으로 무관심하게 대응하는 경우가 생길 수 있다. 그러므로 사회복지에서 컴플라이언스는 가장 역할이 기대되는 영역이라 할 수 있지만 높은 윤리관이 뒷받침되지 않으면 원활하게 운용할 수 없을 것이다. 이용자로부터의 고충을 듣지 않거나 가족도 그것을 잘 수용하지 않고 영리구축에만 전력할 경우, 질 좋고 적절한 서비스를 유지하기 위해서는 스스로 엄격히 서비스를 통제할 수 있어야 한다. 그런 의미에서 컴플라이언스 규칙이 효과적으로 작동하기 위한 구조와 장치가 반드시 필요하다.

3. 컴플라이언스 책임자

컴플라이언스 수행에 대한 명확한 책임라인과 업무구조가 갖추어져야 한다. 효과적인 컴플라이언스 프로그램은 의사결정에 영향을 미치고 프로그램에 책임을 맡을 수 있는 고위직이 역할을 담당하고 그들은 프로그램 수행과 효과를 보증할 수 있는 자원과 권위를 보장받아야 한다. 특히 사회복지조직의 경우 조직을 둘러싼 외부환경에 의해 업무내용과 서비스 질이 보다 많은 영향을 받게 되므로 컴플라이언스 도입에 책임과 권한을 확보하는 매우 중요한 과제이다.

4. 컴플라이언스 프로그램의 이슈범위

컴플라이언스가 조직의 법적·윤리적·재정적·지도감독과 이용자의 생활지원과 옹호에 관련된 모든 이슈에 관계해야 하는가? 조사대상 시설에서 시설종사자들은 컴플라이언스 관련문제로서 고용문제부터 시설사유화와 부정부패까지 매우 광범위한 영역에 걸쳐 다루고 있다. 프로그램의 개입범위가 어디까지인지 규정하기가 간단치 않다는 것을 말해준다. 모든 사회복지사가 그러한 이슈를 위해 투쟁해야 하는지 명확한 역할모델이 없다.

5. 컴플라이언스 담당인력의 권력과 자원수준에 대한 합의

조직은 컴플라이언스 조직과 인력들이 가져야 할 권력과 권위, 역할과 의무의 정도에 대해 분명히 규정해야 한다. 또한 컴플라이언스 프로그램에 투입되어야 할 자원수준에 대해서도, 예를 들면 컴플라이언스 감독위원회에서 효과적인 컴플라이언스 수행을 위해 필요한 충분한 자원-자금, 스태프, 기간-수준에 대해 합의해야 한다. 사회복지기관의 취약한 권력지위, 사회복지 종사자들의 열악한 근무조건과 고용여건, 재정원천의 대부분을 정부 보조와 보험수가에 의존한다고 볼 때, 권력과 자원수준에 대한 합의는 주체적으로 명확한 방향을 제시하기 어려운 이슈인지도 모른다.

많은 조직에서 컴플라이언스 프로그램은 법적 개혁과 관리자의 변화의 열망에 의해 출발하였다. 특정한 초기직업에서와 같이 컴플라이언스 미래에 대한 의문들이 있다. 연방양형기준(FSGO)과 Sarbanes Oxley의 시기에서처럼 개혁과 변화의 기동력은 서서히 시작된다. 컴플라이언스 프로그램이 과연 미래에도 지금과 같이 존속될 수 있을 것인가? 미국 컴플라이언스 프로그램의 기초라 할 수 있는 연방양형기준(FSGO)에 대해서도 조차도 미래에 대한 질문을 자주 받고 있다.

Henning(2007)은 변화하는 조직문화에서 더 이상 그런 기준은 효과적이지 않다고 주장한다. 컴플라이언스와 관계되는 전문가와 담당자들과 인터뷰하면 현재 상태의 컴플라이언스 기능에 대한 전반적인 믿음이 존재하고 있다. 그들은 윤리와 투명성 등 조직의 사회적 책임성이 요구되는 현재 상황을 지적하며 조직생활에서 그것이 명백한 사실로 되고 있다는 점을 지적한다. 예를 들면, 미국 기업들은 정기적으로 그에 관한 보고서를 발행하여 시민들에게 보고하고 있다. 많은 사람들이 초점을 두고 있는 질문들은 컴플라이언스 프로그램의 궁극적인 미래방향에 대해서이다(Michael G. Silverman, 2008 : 287-294).

구체적인 방향은 원칙중심 규제로의 발전(Growth of Principles-Based Regulation)이다. 미래 컴플라이언스 기능에 영향을 미치는 중요한 발전 중의 하나는 원칙중심(principles-based) 규제의 등장이다. 규칙중심(rule-based)과 원칙중심(principles-based) 입법에 대한 논쟁이 격화되었다. 무수히 많은 규제와 규칙으로 관리하는 컴플라이언스 프로그램이 필요한가, 그렇지 않으면 원칙을 바탕으로 적용되는 보다 유연한 접근이 필요한가, 두 입장에 대한 조정은 정부규제에서 긍정적인 변화를 추진하려는 정부 관리들의 공식입장에 의해 이루어졌다. 예를 들면, 미국 재무성 장관이었던 헨리 폴슨(Henry Paulson)은 공식석상에서 원칙중심의 규제에 대한 검토 필요성을 언급하였다.

규칙중심의 접근은 전통적인 컴플라이언스 프로그램의 상징으로 간주되었다. 그것은 모니터링, 정책, 회계감사, 교육훈련 프로그램 등으로 대표된다.

'원칙중심(principles-based)' 접근은 특정한 규칙이나 규제에 집착하는 것이 아니라 윤리, 성실성, 문화, 커뮤니케이션 등이 강조되는 보다 가치 지향적인 업무환경에 더 적합하다. 후자의 책임성(responsibility)은 재정, 인적자원, 회계와 같은 특정 조직적 기능을 의미한다.

조직 내부의 피고용인들은 가치를 공유하기를 원한다. 그들은 자신들이 신뢰할 수 있는 가치를 굳건히 세울 수 있는 환경을 제공하는 회사를 찾고 있다. 전인적이고 윤리적인 조직문화를 만들어내는 조직은 최상의 재능을 보존하고 도출해 낼 수 있다. 사회복지조직은 현장성과 전문성, 자기결정성 등 정형화하기 어려운 서비스 특성상 이런 방향으로의 전개는 바람직하다고 생각된다.

조직적 컴플라이언스 전개와 관련하여 전문가들은 다음과 같은 세 가지 요인들이 영향을 미칠 것이라 예측한다(Michael G. Silverman, 2008 : 287-294).

이 중 어떤 것은 우리들의 통제에 있으며 어떤 것은 그 범위를 넘어설 것이다.

첫째, 감사위원회와 이사회가 조직의 윤리적 합의, 투명성, 가치에 대한 지지와 설명을 하는 것이 여전히 중요하다. 또한 최고관리자에 대하여 컴플라이언스 프로그램에 대한 중요성을 이해하고 인정하는 조직적 리더십이 필요하다. 그리고 지속적인 재정적 지원에 대한 중요성을 알고 있는 리더십도 필요하다.

둘째, 정부와 민간 양측의 규제담당자들의 컴플라이언스 프로그램에 대한 격려와 지지가 지속되어야 한다. 그러한 영향은 조직의 컴플라이언스와 윤리 프로그램을 활성화하는데 필수적이다.

셋째, 성공적으로 작동하는 리더십, 비전, 기술 등을 컴플라이언스 지역사회에 충분하게 지속적으로 보여줘야 한다. 컴플라이언스는 성장하고 진화하는 조직관리 비전이며 매우 큰 잠재력을 가지고 있다.

그러나 컴플라이언스의 미래에서 사회복지 기관과 종사자들이 가장 우선적으로 강조해야 하는 것은 '인권에 대한 민감성'이라 판단된다. 즉, 서비스 제공

과정에서 개인 또는 노인 및 장애인 주위에서 케어나 지원을 행하는 가족이나 지역사회 개인들이 인권을 이해하고 이에 민감하게 반응하는 것이다. '이런 정도로 하는 것도 고맙게 생각해야 한다', '거동불능 상태보다 편안히 죽는 편이 낫다' 등에 아무런 위화감도 느끼지 않는다면 조직적으로 컴플라이언스를 실천하고 있다고 해도 기대되는 효과를 얻기 어려울 것이다.

건강한 상태에서 일상생활을 보낼 때 스스로가 하나의 장면에서 어떤 권리를 지지하면서 살아갈 것인지 의식하고 자각하는 것이야 말로 노인이나 장애인 권리를 옹호하는 힘을 갖는 것이다. 그렇다면 결국 노인이나 장애인에게 관련 서비스를 제공하거나 지원하는 기관과 종사자들은 항상 의식을 향상시키려는 조직적·개별적인 노력이 필요하다. 서비스 이용자에 대한 권리옹호와 컴플라이언스문제는 특수한 분야의 특수한 활동이 아니라 시대의 최전선을 개척하는 활동이라 할 수 있다.

컴플라이언스 행동원칙과 사례

- 1 컴플라이언스 매니지먼트 시스템 규격
- 2 컴플라이언스 매니지먼트 체크리스트
- 3 소비자에게 신뢰받는 사업자가 되기 위한 자주적 행동기준
- 4 일본사회복지시설 경영자협의회「신행동계획 21」

1. 컴플라이언스 매니지먼트 시스템 규격(ECS2000V1.2) [1]

국제화에 따른 시장 불확실성의 심화로 인해, 조직 행동은 그 어느 때보다 성실하고 투명한 행동기준의 준수를 요구받고 있다. 그러므로 조직은 실질적으로 이러한 행동을 보증하는 조직 내 시스템을 정비해야 한다. 이러한 행동과 또 이를 구체화한 시스템의 확립을 통하여, 영리 및 비영리 조직은 시장 및 고객의 신뢰와 평가를 얻을 수 있으며, 아울러 국제적 조직 환경에 어울리는 건전한 발전에도 공헌할 수 있을 것이다.

1999년 스위스 다보스에서 개최된 세계경제포럼에서 유엔 사무총장은 인권, 노동, 환경 등 다방면에 걸친 윤리실천을 세계적인 기업 총수들에게 요청하였다. 이는 기업의 윤리 확립과 컴플라이언스 그리고 사회적 설명책임을 요청하는 목소리가 국제사회에서 점차 증가하고 있다는 것을 의미한다.

이 같은 시장이나 국제사회의 동향과 더불어 조직에서 일하는 사람들도 윤리적 행동으로 업무에 종사할 것을 요청받고 있다. 즉 자신들의 직장에서 부정한 거래나 양심에 반하는 업무상의 관습이 있다면 이에 대하여 의문을 제기하고 나아가서는 개선을 요구해야 한다는 것이다.

여기에서 논의하는 컴플라이언스 매니지먼트 시스템 규격은 이러한 문제의식을 바탕으로 조직이 시장과 고객으로부터의 신뢰와 평가를 얻을 수 있고, 또 국제사회의 요청에 부응할 수 있도록 하며, 그리고 조직에 몸을 담고 있는 사람들의 노동환경을 윤리라는 관점에서 개선하도록 하는 매니지먼트 시스템의 형태로 체계화한 것이다.

본 규격이 의도하는 것은 조직 구성원이 외부기관에 제보하거나, 외부로부터 강제적인 적발을 당하거나, 아니면 외부로부터 보이콧이나 비판을 당해서

1 R. Beck(2006). '倫理法令遵守マネジメント・システム規格'. 「インテグリティマネジメント」. 新日本インテグリティアシュアランス. 日本 麗澤大學 企業倫理研究センター. pp. 197-210 참고로 재구성하였음.

가 아니라 조직이 자신의 힘으로 구성원들과 협력하면서 부정한 업무관행이나 위법행위, 문제 있는 행동 등을 사전에 발견하고, 주체적으로 해결하려는데 있다.

조직이 이러한 능력을 키우기 위해서는 우선 유감스런 사태가 발생하지 않도록 조직 내 컴플라이언스 체계를 구축하거나 기능시켜야 하며, 또한 조직구성원이나 외부 이해관계자의 의견이나 아이디어를 받아들이면서 이상적인 윤리규범이나 이념을 실천하기 위한 조직 내 체계를 구체적으로 확립하는 것이 필요하다. 이런 체계를 '자정 매커니즘'과 '주체적 개선 매커니즘'이라 명명하고자 한다.

이와 같은 시스템 규격은 [그림 8-1]과 같이 정리할 수 있다.

1. 계획 (Planning phase) 경영층이 컴플라이언스 기본방침 설정, 윤리강령 · 실시계획 작성, 법령 기타 규칙 정비, 컴플라이언스를 확실한 것으로 하기 위한 각종 내규 작성 →	2. 실시와 운용 (Initiation and operation phase) 컴플라이언스 담당 설치, 역할과 권한, 교육과 훈련, 커뮤니케이션 촉진, 문서관리, 운용관리, 긴급사태 ↓
↑ 4. 경영층에 의한 수정 (Revision and corrective action phase) 컴플라이언스 방침 · 강령 · 내규 등 개정, 감사나 조사 결과를 바탕으로 한 개선, 대폭적인 시정, 매니지먼트 시스템 수정	← 3. 감사 (Audit phase) 윤리방침, 강령, 매뉴얼 등 준수 상황 감시, 컴플라이언스 매니지먼트 시스템 감사, 감사나 의식조사 결과의 정리와 보고

[그림 8-1] 컴플라이언스 매니지먼트 시스템 규격의 전체적인 틀

이 시스템 규격상의 네 단계를 구체적으로 설명하면 다음과 같다.

첫째, '계획'은 각 조직이 목표로 하는 윤리 방침을 나타내며, 그 방침을 구체적으로 하기 위한 윤리강령, 실시 계획, 내부 규정 등을 확립하는 것이다.

둘째, '실시와 운용'은 계획을 바탕으로 컴플라이언스를 추진하는 과정에서의 중심적 부서나 책임자를 결정하고, 그것을 중심으로 한 교육 훈련이나 커뮤니케이션 활동을 전개하는 것이다.

셋째, '감사'는 조직 윤리방침이나 윤리 강령 등이 조직구성원 사이에서 이해되고 있는지, 컴플라이언스 담당부서나 보고·상담제도는 적절히 기능하고 있는지 등을 조직 스스로가 감사하는 것이다.

넷째, 경영층에 의한 수정은 이들 감사결과를 바탕으로 개선 가능한 점을 정리하고 수정하여 실시하는 것이다. 예를 들면, 윤리강령 개정, 교육 내용이나 보고·상담업무의 개선 등이 이에 포함된다.

이러한 컴플라이언스 매니지먼트 시스템이 충분히 기능할 것인지는 모든 부문 및 부서가 조직이 정한 윤리방침이나 강령의 내용을 이해하고 실천할 것과 또 조직 문제를 스스로의 손으로 해결하려는 각 개인의 주체성 및 의지에 달려 있다. 특히 최고관리자, 경영층의 주체적 관여는 매우 핵심적인 요소이다.

본 규격은 구축해야 할 매니지먼트 시스템의 일반적인 틀을 보여주지만, 그것이 목표로 하는 것은 어디까지나 컴플라이언스의 수행성과를 높이려는 데에 있다. 즉, 자율 메커니즘이나 주체적 개선 메커니즘이 보다 잘 작동하는 조직을 만드는 데에 있다. 따라서 조직 윤리성을 높이려는 목적을 무시한 복잡한 시스템 구축은 피해야 한다.

이 시스템 규격이 요구하는 기본자세는 시장경제를 전제로 '인권과 자유', '사회적 공생'이라는 두 가지 사고방식에 의거하여 각 조직이 컴플라이언스에 대한 대응을 전개하는 것이다. 인권과 자유는 민주주의의 근본적 전제이며, 이것 없이는 자본주의 경제가 성립되지 않는다. 그렇지만 인권과 자유를 추구하는 것만으로는 공정한 사회가 저절로 실현되지 않는다. 나아가 인권과 자유는 다른 존재와 독립해서는 충분히 생활할 수 없다는 인식에 의해 보완되어야 한다. 상호의존에 대한 인식이 사회적 공생이라는 실천적 사고방식의 근거인 것이다.

사회적 공생이란 각 조직이 결정・행동 하는 데에 자신과 타인의 이익을 존중하며 덧붙여 그것이 제3자의 사회복지 개선에 연결되도록 노력하거나, 혹은 제삼자의 불이익이 불가피한 경우 그 불이익을 최소의 허용 범위 내에 머물도록 노력하는 배려의 원리를 뜻한다.

본 규격은 각 조직이 이들 두 가지 사고방식(인권과 자유, 사회적 공생)을 기본으로 담보하면서 스스로 설계한 윤리규범을 정리하고, 관계 법령・조례 및 기타 규칙 등을 준수할 것을 요구한다. 법령이나 기타 규칙준수에 대하여 각 기관은 각각의 규모나 업종・사태・상황 등에 따라 특히 주의가 필요하다고 생각하는 법령이나 규칙을 정리하고 그것들을 중심으로 컴플라이언스 방침을 작성해야 한다.

그리고 본 규격은 각 조직에 대하여 구체적인 사회 공헌이나 사회적 희생을 강요하는 것이 아니다. 어떤 조직이 주체적으로 어떠한 윤리적 이상이나 윤리 규범을 내세우는 경우, 그 조직은 구체적인 실천 방법을 솔직하게 논의할 수 있는 조직 풍토 및 분위기를 구축해 나가며 그것을 계획적으로 실행해야 한다. 여기에서는 이것을 '주체적 개선 메커니즘'이라 명명하며, 앞서 언급한 '자정 메커니즘'을 보완하는 것으로 한다.

여기에서 규정하는 컴플라이언스 매니지먼트 시스템은 반드시 기존 메커니즘이 안고 있는 기능과 분리하여 확립할 필요는 없다. 기존 매니지먼트 시스템을 활용하는 것이 유효하다 생각되는 경우에는 기존 시스템을 응용 또는 발전시키는 형태로 본 규격의 요구 사항을 충족하면 될 것이다.

1) 적용 범위

이 규격은 조직 스스로가 지향하는 윤리 규범의 추구를 목적으로 하며 또한 관계 법령이나 적정한 업계 규칙 등의 준수를 목적으로 한 컴플라이언스 매니지먼트 시스템을 구축하는 데에 있어 충족해야 할 요구 사항을 정리한 것이다.

여기에서 제시한 요구 사항들은 다음과 같은 조직에 적용할 수 있다.

첫째, 공정하고 적정하게 업무를 실시하도록 윤리 방침, 실시 계획, 내부 규정, 기타 절차 등을 스스로 정하고 관리, 유지, 개선하려는 조직, 둘째 스스로 작성한 윤리 방침이나 윤리 강령, 기타 컴플라이언스 매니지먼트 시스템이 본 규격의 중요 사항을 충족하고 있는지를 확인하고 그 사실을 공표하려는 조직, 셋째 조직이 미치는 사회적 영향의 크기를 고려하여 스스로 투명성을 높이고 사회적 설명 책임을 다하려는 조직에 적용할 수 있다.

본 규격에서 제시하는 모든 요구 사항은 위치, 활동 규모나 서비스 내용 등에 따른 조직 차이와는 상관없이 어떠한 조직에 대해서도 적용할 수 있도록 준비하였다. 따라서 이 규격은 영리조직을 포함하여, 모든 비영리조직과 단체에도 적용 가능하다고 할 것이다.

2) 용어 정의

기업 윤리란 공정하고 책임감 있는 행동을 취하기 위한 조직 내 활동을 뜻한다. 단지 이것은 기업에서의 활동에 한정되지 않는다. 이것이 의미하는 바는 법령이나 규칙의 준수보다 넓으므로 사회 규범의 존중 등도 포함한다. 본 규격은 이것을 간단히 윤리라 부른다.

윤리 규범(윤리 기준, 윤리 원칙 등)은 규칙과 같은 외부로부터의 일방적인 요청이 아니라 조직 스스로가 추구하는 가치 체계를 의미한다. 예를 들어 '공익을 위해서 책임 있는 행동을 취한다'와 같은 가치 표명을 윤리 규범으로 간주한다.

컴플라이언스란 관계하는 법령이나 규칙뿐만 아니라 사회규범을 지키고 나아가서는 조직이 주체적으로 지향하는 윤리 규범의 구체적 실천을 촉구하기 위한 조직 내의 활동을 뜻한다.

윤리방침은 조직이 행하는 업무의 내용, 규모, 서비스 성격 등을 고려하여 설정하는 조직의 윤리적 목표라 할 수 있고, 이에는 각 조직이 내세우는 윤리 규범, 업무상 중시해야 하는 법령이나 기타의 규칙 등이 포함된다.

윤리 규정과 행동 가이드라인 등의 윤리 강령은 조직의 윤리 방침을 구체적인 현장 및 상황에 적용하여 정리한 행동 지침을 말한다. 이것은 누구나 쉽게 이해할 수 있고 또 실천하기 쉬운 내용으로 규정되어야 한다.

각종 준수 매뉴얼은 윤리강령이나 행동 가이드라인 내용을 바탕으로 특정 직장이나 직종에 맞게 필요에 따라 작성되는 구체적인 안내서를 의미한다.

행동 계획은 행동 방침을 일정기간을 통하여 구체적으로 실현해 가기 위한 계획을 말한다. 예를 들어 교육 훈련 실시 시기, 보고 상담시스템의 단계적 개선, 윤리 의식을 고양시키기 위한 커뮤니케이션 활동, 컴플라이언스 시점에서 행하는 업무 개선에 관한 계획 등이 이에 해당된다.

내용규정은 컴플라이언스 매니지먼트 시스템이 전체적으로 적절히 기능하도록 작성되는 조직 내부의 운용 규정을 말하는데, 예를 들면 컴플라이언스를 전문으로 하는 부서의 권한과 책임에 관한 내용 등이 이에 해당된다.

이해관계자(stakeholder)는 조직 활동에 의해서 직·간접적으로 영향을 받는 개인 또는 집단이다. 예를 들면, 소비자, 종업원, 주주, 채권자, 거래처, 관련 회사, 지역 주민, 정부 관계 기관 등이 있다.

조직에서 발생하는 긴급사태란 사회적으로 문제가 되는 부정한 거래나 무책임한 행동에 조직의 관리자나 간부가 관계되어 있는 상황을 말한다. 이 경우에는 일반적인 컴플라이언스 매니지먼트 시스템만으로는 충분히 대응할 수 없으므로 조직은 긴급사태에 대처하기 위한 절차를 확립하고 유지해 나가야 한다.

3) 컴플라이언스 매니지먼트 시스템의 요구사항

(1) 일반 요구사항

조직은 컴플라이언스 매니지먼트 시스템을 확립하고 유지하며 지속적으로 개선해 나가야 한다.

(2) 컴플라이언스의 기본방침과 구체화

① 컴플라이언스 방침 수립

경영층은 다음 사항을 포함하는 조직의 컴플라이언스 기본방침을 정함과 아울러 이것을 실행하고 유지시켜 나가야 한다.

㉠ 조직이 스스로 전통이나 경영 이념을 바탕으로 실천하려는 윤리 규범
㉡ 조직이 대응하는 업무의 내용, 규모, 서비스 등을 고려했을 때 특히 주의해야 할 중심적인 관계법령이나 규칙
㉢ 조직의 윤리적 풍토의 지속적 개선과 부정 방지・책임 체계 확립에 대처할 것을 표명한 문서

② 윤리 방침의 공개와 준수 매뉴얼 작성

조직은 윤리 방침을 구체적인 문서로 만들고 조직 구성원에게 주지하면서 직・간접적인 이해관계자 또는 일반인들이 열람할 수 있도록 필요한 조치를 강구해야 한다. 이는 윤리 방침 문서 또는 윤리 강령 등의 형태로 공표되어야 한다. 그리고 필요하다면 각 직장이나 업무 내용에 따라 윤리 강령 내용을 더욱 구체화시킨 각종 준수 매뉴얼 등을 작성・관리하며 유지해야 한다.

(3) 계획

① 실시 계획

조직은 윤리 방침을 바탕으로 그것을 조직 내로 침투시키는 절차를 정해야 하며 다음의 내용을 포함한다.

㉠ 윤리 법령 준수의 교육훈련에 대한 계획 : 예를 들어 교육자료 작성 등이 포함된다.

㉡ 윤리 법령 준수의 보고·상담 업무에 대한 개선 계획

㉢ 윤리 법령 준수의 감사에 대한 계획 : 예를 들어 지금까지 제기 되어서 수정이 실시된 문제에 대한 재감사도 포함된다.

㉣ 기타 사회·법적 환경 변화에 대응하거나 경영층이나 관련 부서로부터의 지시를 받아 행하는 시정·개정 등의 실시 계획

② 법령 및 기타 관련 규칙

조직은 사업 활동과 서비스 등에 관련된 법령이나 기타 규칙을 전체적으로 정리하고 언제나 참조할 수 있는 절차를 확립하고 유지해야 한다. 이것은 윤리 강령이나 각종 준수 매뉴얼 등과는 별도로 준비되어야 한다.

③ 내부 규정

조직은 윤리 법령 준수를 확실히 뿌리내리기 위해 내부 규정을 책정하고 유지해야 한다. 이 규정에는 다음 사항이 포함된다.

㉠ 컴플라이언스에 관련된 문제를 다루는 부서에 대한 규정 : 이는 특정 단일 부서에 교육 및 훈련, 보고·감사, 일상적인 시정 조치, 문서 관리 등의 사업을 집중시키는 것도 좋으며 또한 복수 담당을 설치하여 업무를 분할해도 좋다. 각 조직의 실정에 맞추어 실질적으로 기능하는 체계를 구축하는 것이 중요하다.

ⓑ 컴플라이언스에 관련된 문제를 다루는 부서와 이사회 등의 최고의사결정 부문과의 관계에 대한 규정

ⓒ 조직으로부터 독립된 제3자 기관이나 중립적인 전문가 활동에 관한 규정 : 이것은 각 조직의 실정에 부응하면서 실질적으로 기능하는 체계라는 것을 전제로 한다.

ⓓ 조직 각 부문 및 부서가 준수해야 할 윤리법령 준수 권한 및 책임에 대한 규정

ⓔ 컴플라이언스의 교육훈련에 대한 규정 : 예를 들면, 담당 부서, 교육 빈도, 교육 대상 등에 관한 규정

ⓕ 컴플라이언스의 보고·상담 업무에 대한 규정 : 예를 들면, 담당 부서, 상담을 실시하는 경우에 비밀유지 의무나 프라이버시 보호 등에 관한 규칙

ⓖ 컴플라이언스의 감사에 대한 규정 : 예를 들면, 감사 실시 절차, 감사 실시 부문의 독립성에 관한 규정

ⓗ 컴플라이언스에 관한 벌칙에 대한 규정

ⓘ 부정행위나 문제 있는 거래 등이 조직 내에서 발각된 경우의 절차에 대한 규정

ⓙ 일상적인 시정 조치를 취할 경우의 일반적인 절차에 대한 규정

그리고 조직은 사업내용이나 사회적 요청, 법령 변경 등에 따라 컴플라이언스가 확실히 실시되도록 내부 규정을 개정해야 한다.

(4) 실시와 운용

① 체계와 책임

조직은 효과적인 컴플라이언스 매니지먼트를 확립하기 위하여 당해 업무를 전문적으로 행하는 부서를 조직 내에 설치해야 한다. 또한 해당 부서의 역할,

책임 및 권한을 정하고 문서화하여 이것을 조직 구성원에게 전달해야 한다. 이 부서의 책임자는 임원급 이상이 되어야 한다.

해당 부서는 다음과 같은 업무를 전문적으로 수행한다.

㉠ 윤리 방침의 관리와 개정

㉡ 계획의 실시 : 이에는 상황에 맞게 계획을 수정하는 것도 포함된다.

㉢ 법령 및 기타 규칙의 관리

㉣ 내부 규정의 관리와 개정

㉤ 교육 훈련의 실시, 보고 상담 업무, 기타 관련 부서와의 조정

㉥ 각 부문이나 부서에서의 윤리 담당자와의 소통

이 외에 필요한 경우에는 당해 부서가 이들 업무에 관한 개선이나 개정에 관한 제언을 경영층에 보고한다. 이 제언은 문서로써 기록하고 보존되어야 한다. 또한 조직은 해당 부서에 대하여 컴플라이언스 실시 및 관리에 필요한 경영자원을 준비해야 한다. 나아가 해당 부서의 책임자와 협의하는 데에 있어 본 규격의 내용을 이해하고 실천할 능력을 가진 복수의 담당자를 지명하고, 컴플라이언스 실시 및 운용에 관한 책임과 권한을 부여하여 이들 담당자를 중심으로 한 '조직으로써의 체계'를 정비해야 한다.

② 교육과 훈련

조직은 내부 규정에 따라 컴플라이언스 교육을 체계적으로 실시해야 한다. 특히 사회적 영향이 큰 부서, 직무 성질상 문제가 일어나기 쉬운 부서, 과거에 문제가 일어났던 부서 등에서 일하는 구성원에 대해서는 그 부서 실정에 맞는 구체적인 훈련을 준비할 필요가 있다.

그리고 조직은 관련된 각 부문 및 부서에 대하여 다음과 같은 사항을 철저히 주지시키기 위한 절차를 확립해서 유지해야 한다.

㉠ 윤리 방침 및 윤리 강령, 컴플라이언스 매니지먼트 시스템의 요구사항에

따르는 것의 중요성

㉡ 부정한 상거래 관행이나 각 개인의 무책임한 행동이 조직에 미치는 마이너스 영향이 크다는 것, 또한 반대로 윤리적으로 확실한 입장을 취하는 것만으로도 사회로부터의 높은 신뢰를 얻을 수 있다는 것

㉢ 윤리 방침 및 윤리 강령, 컴플라이언스 매니지먼트 시스템의 요구 사항을 준수해 가는 데에 있어 각 개인의 역할이나 책임

㉣ 윤리 강령이나 각종 준수 매뉴얼로부터 일탈한 때에 각 개인에게 적용되는 벌칙

③ 커뮤니케이션

조직은 교육이나 훈련에 의한 위로부터의 정보전달에 더하여 컴플라이언스에 관하여 조직 내·외의 보고나 상담에 응하는 체계를 구축해야 한다.

여기에는 아래의 사항이 포함된다.

㉠ 조직 내의 컴플라이언스에 관한 커뮤니케이션을 촉구할 목적으로 보고나 상담에 응하는 창구를 설치할 것

㉡ 조직 내에서의 보고 상담 제도를 보완할 목적으로 정기적으로 조직 구성원 의식 조사 등을 실시할 것 : 여기에는 리스크를 파악할 목적으로 하는 것 등이 포함된다.

㉢ 조직 내에 있어서 보고나 상담, 의식 조사의 결과 등을 문서화하는 절차를 확립하고 유지할 것

㉣ 외부 이해관계자로부터의 문의가 오는 경우, 그것을 접수하여 그 내용을 문서화할 것

㉤ 대응 결과를 문의한 본인이나 부서(외부 기관)에 알릴 필요가 있다고 판단되는 경우에는 그것을 행할 것

㉥ 보고나 상담을 행한 본인이나 부서(외부 기관)의 양해를 얻을 수 있는 한, 그 프라이버시를 보호할 것

④ 컴플라이언스 매니지먼트 시스템 문서

조직은 지면이나 전자 정보의 형태로 컴플라이언스 매니지먼트 시스템의 핵이 되는 문서와 그 상호관계를 기입한 내용을 문서로 작성하고 그것을 보관・유지해야 한다. 그리고 관련 문서가 조직의 어디에 있는지도 명시해야 한다. 핵이 되는 문서 및 관련 문서는 윤리 방침, 윤리 강령, 각종 준수 매뉴얼, 실시 계획, 내부 규정을 가리킨다.

⑤ 문서 관리

조직은 다음 사항이 확실히 수행되도록 핵심이 되는 문서 및 관련 문서, 기타 첨부 문서를 관리할 절차를 확립하고 유지해야 한다.

㉠ 문서 소재를 알 수 있을 것

㉡ 컴플라이언스 매니지먼트 시스템이 효과적으로 기능하기 위하여 필수적인 업무가 행해지고 있는 모든 장소에서 최신 문서를 이용할 수 있을 것

㉢ 폐기 문서는 모든 발행 부서 및 사용 부서로부터 신속히 없앨 것 : 폐기하지 않는 경우에는 의도하지 않는 형태로 그것이 사용되지 않도록 분명한 조치를 취할 것

㉣ 법률상의 필요 또는 정보 보존의 목적으로 보관하는 모든 폐기 문서는 적절히 식별하여 정리 해 둘 것

㉤ 문서는 읽기 쉽고, 용이하게 식별할 수 있도록 날짜를 기입하고, 순서에 따라 정리하고 지정한 기간 동안 보관할 것

⑥ 운용 관리

조직은 윤리 강령이나 각종 준수 매뉴얼로부터 일탈하는 행위가 있다는 상담이나 보고를 받은 경우, 즉시 관련 부서와 연계를 취하면서 사실 관계를 조사하고 문제 사항에 관하여 적절한 조치를 강구해야 한다.

문제 사항에는 조직 내부에서 처리할 수 있는 것, 조직 외부로 공표해야 하는 것이 있다. 그것을 판단하기 위한 절차를 확립하고 유지시켜 나가야 한다. 어떤 경우에도 그 과정과 조치는 문서화하여 보관해야 한다. 또한 보고나 상담을 행한 본인이나 부서에 대하여 어떤 보복이 가해지는 경우 그 사실 관계를 조사한 후에 회복시키기 위한 조치를 강구해야 한다.

⑦ 긴급사태에 대한 준비와 대응

조직은 관리 간부가 부정에 관여하는 긴급 사태가 일어날 가능성을 고려하여, 그런 사태가 실제로 일어날 경우의 대응 절차를 확립하고 유지해야 한다. 또한 조직은 실제로 긴급 사태가 발생하고 있다는 정보를 얻을 경우, 그 정보를 경영 측에 전달하고 경영 측에 보고한다는 사실을 기록하고 남겨두어야 한다.

(5) 감사와 시정 조치

① 모니터링과 평가

조직은 일상적 활동으로서 사회적으로 큰 영향을 미칠 가능성이 있는 업무, 조직 구성원으로부터 보고나 상담을 받은 사항, 관련된 법령이나 기타 규칙 준수 상황 등에 대하여 내부 감시 및 모니터링을 실시하고 평가하는 절차를 확립하고 유지해야 한다.

② 시정과 예방 조치

실제 조직 행동이 윤리 방침이나 윤리 강령, 각종 준수 매뉴얼로부터 일탈하고 있는 사실, 또는 실시 계획이나 내부 규정 등에 반하여 운용이 행해지고 있는 사실이 판명된 경우, 조직은 그러한 사태에 이른 배경을 조사하고 유사한 문제가 일어나지 않도록 매니지먼트 시스템 그 자체의 개선을 포함한 조치를 강구해야 한다.

또한 실제 일어난 부적합 상황과 잠재적인 부적합 상황의 원인을 제거하기 위한 시정 및 예방 조치는 문제의 중대성에 상응하는 것이어야 한다.

③ 기록

조직은 교육훈련, 보고 상담, 문제 행위에 관한 처분이나 대응, 감사 결과, 의식 조사 결과, 시정이나 수정 등 윤리법령 준수활동의 과정에서 발생한 일을 기록하고 나아가 그 기록의 식별, 보존, 폐기에 관한 절차를 확립하고 유지해야 한다. 프라이버시 보호, 비밀보장 의무를 가진 기록에 대해서는 그에 적합한 기록 체제를 구축하고 유지해야 한다.

④ 컴플라이언스 매니지먼트 시스템 감사

조직은 정기적인 컴플라이언스 매니지먼트 시스템 감사를 실시하기 위한 절차를 확립하고 유지해야 한다. 감사의 목적은 컴플라이언스 매니지먼트 시스템이 본 규격의 요구 사항에 합치하는가를 확인하는 것, 컴플라이언스 매니지먼트 시스템이 적절히 구축되어 유지되고 있는가를 확인하는 것이며 감사 결과를 관리자, 윤리법령 준수 담당부서 및 피감사 부서에 전달하는 것이다.

감사를 포괄적으로 실시하기 위하여 감사 절차는 범위, 빈도, 방법 등을 포함하여야 한다. 또한 감사 절차는 감사를 행하는 데에 있어서의, 또는 결과를 보고하는 데에 있어서의 책임과 권한을 포함하고 있어야 한다. 그리고 컴플라이언스 매니지먼트 시스템 감사에 관한 요구 사항은 외부의 제3자 기관에 대한 감사 위탁을 배제하는 것이어서는 아니 된다.

(6) 관리자에 의한 수정

조직의 관리자는 컴플라이언스 매니지먼트 시스템을 적절하고 타당하게, 유효한 것으로 만들기 위하여 스스로가 정한 간격으로 시스템을 수정해야 한다. 조직은 관리자가 이러한 평가 및 수정을 행할 수 있도록 필요한 정보를 체계적으로 수집하고 정리해야 한다.

관리자는 컴플라이언스 매니지먼트 시스템 감사의 결과를 조정하면서, 또 변화하는 상황이나 지속적인 개선이라는 목적을 염두에 두면서 필요하다면, 윤리 방침, 윤리 강령, 내부 규정, 교육 훈련, 보고 상담제도 등을 변경해야 한다.

(7) 긴급 사태 후의 발본적인 수정

경영 간부가 부정에 관련되는 긴급사태를 조직이 경험한 경우, 사태가 수습되는 단계에서 외부 기관에 의한 컨설팅 등을 받아 조직의 발본적인 개혁에 착수할 것이 요구된다.

2. 컴플라이언스 매니지먼트 체크리스트

■ 다음은 컴플라이언스 매니지먼트 시스템에 대한 대응체제를 알아보는 항목입니다. 아래 주제항목을 잘 읽어보고 해당하는 응답항목의 빈칸에 ○ 표시를 해 주십시오.

1) 리더십과 거버넌스 차원의 대응

항 목	전혀 모름	준비하지 않음	준비하고 있음	상세히 준비하고 있음	매우 강조하고 있음
법령준수와 윤리경영에 대한 최고관리자의 적극적·구체적 대응 프로그램 마련					
법령준수를 위한 이사회의 감시역할과 원로급 관리자의 역할 활용 프로그램 설치					
이사회에 컴플라이언스 프로그램 감시위원회 설치					
감시위원회의 구체적인 역할에 대한 지침 작성					
감시위원회의 정기적 개최					
컴플라이언스 담당자의 정식임명					
열람 가능하고 문서화된 컴플라이언스 담당자의 직무기술서					
컴플라이언스 담당자의 높은 직위					
문서화되고 열람 가능한 컴플라이언스 위원회 설치규정					
이사회에 대한 컴플라이언스 위원회의 보고					
내부감사의 컴플라이언스에 대한 직무숙지와 책임 규정					
조직원 행동규범에 컴플라이언스 담당자를 지원하는 내용을 포함하여 작성					

2) 행위의 기준을 정립하기 위한 대응

항 목	전혀 모름	준비하지 않음	준비하고 있음	상세히 준비하고 있음	매우 강조하고 있음
미션과 비전에 대한 규정					
컴플라이언스 행위규범 작성					
법령과 윤리에 부응하는 업무 기준과 절차					
안전위생 규정					
이용자의 개인정보 보호					
학대나 차별금지					
과대광고 금지					
적절한 설명과 동의					
선택과 자기결정 보장					
행정과의 관계 규정					
지역사회와의 관계 규정					
회계부정, 사고 등에 대한 위기관리 규정					

3) 정보와 커뮤니케이션-조직의 구체적인 행동규범(code of conduct)

항 목	전혀 모름	준비하지 않음	준비하고 있음	상세히 준비하고 있음	매우 강조하고 있음
조직을 대표하는 행위에 대한 구체적인 행동규정					
조직에 불이익을 초래하는 행위에 대한 규칙					
복종 및 준수절차					
부정한 행동에 대한 벌칙					
행동규범(code of conduct) 제정					
문서화된 행동방침에 대한 매뉴얼이 있고, 배포나 열람이 가능한 상태					
이해하기 쉬운 언어와 내용으로 구성된 매뉴얼					
사례나 Q&A 기능이 있고 정기적으로 개정되는 매뉴얼					
정기적인 평가를 하고 그것이 문서화되어 있는 매뉴얼					
메모, 포스터, 휴대용, 팸플릿, 인터넷 등 기타 커뮤니케이션 수단					

4) 교육연수

항 목	전혀 모름	준비하지 않음	준비하고 있음	상세히 준비하고 있음	매우 강조하고 있음
신입직원에 대한 오리엔테이션					
컴플라이언스에 대한 정기적인 연수실시					
모든 직원을 대상으로 한 컴플라이언스 연수계획					
리스크 평가를 바탕으로 설계된 컴플라이언스 연수					
사례나 Q&A를 활용한 컴플라이언스 연수 실시					
평가항목에 컴플라이언스 연수 참석 결과 반영					
출석결과 등 연수실적을 문서, 파일화로 공개					

5) 성과관리 시스템

항 목	전혀 모름	준비하지 않음	준비하고 있음	상세히 준비하고 있음	매우 강조하고 있음
행위기준 준수 여부를 직원의 업적평가 요소로 활용					
승진 또는 승급에 해당자의 컴플라이언스 이력 조사 반영					
적절한 보상제도 구축					
업적평가에 대한 정기적인 효과평가					
관리자의 부하직원에 대한 컴플라이언스 설명책임 준수					
관리자의 설명책임 이행과정을 문서화하여 열람할 수 있도록 공개					
징벌은 전 종업원에게 일관적으로 적용					
징벌은 불상사의 정도에 비례하여 적용					
징벌방침에 다양한 처벌사례 기재					
실시된 징벌에 대한 정기적인 효과 평가					
징벌과정을 문서화하여 열람할 수 있도록 공개					

6) 감사와 모니터링

항 목	전혀 모름	준비하지 않음	준비하고 있음	상세히 준비하고 있음	매우 강조하고 있음
법령준수 및 윤리에 대한 감사					
법령준수 여부에 대한 모니터링					
자체 사정 기술					
연수에 대한 감사					
채용심사에 대한 감사					
징벌에 대한 감사					
승진 및 전근에 대한 감사					
핫라인 등 비상대응 체제에 대한 감사					
컴플라이언스 평가능력을 갖춘 감사자 활용					
리스크 평가를 바탕으로 설계된 감사계획					
과거 윤리·법령 준수 실적을 바탕으로 한 감사 실시					
변화나 개선을 모니터링하는 경향분석 중심의 감사 실시					
감사결과의 상부 관리자에 대한 보고					
문서 또는 파일화되어 열람할 수 있도록 감사결과 공개					
직원의 기준 준수 여부에 대한 상사의 모니터링 활동					
모니터링 과정과 결과의 공개					

7) 보고 및 상담시스템

항 목	전혀 모름	준비하지 않음	준비하고 있음	상세히 준비하고 있음	매우 강조하고 있음
핫라인 등 조언이나 제보하는 시스템 활용					
질문이나 제보를 다루는 일관된 방침					
제보자의 프라이버시를 보호하는 방침					
제보자의 익명사용을 인정하는 방침					
보복으로부터 제보를 보호하는 방침					
제보자에게 제보내용 처리결과를 통보하는 방침					
핫라인 사용기록이나 동향평가에 대한 방침					

무료로 시간외에도 사용 가능한 핫라인 설치					
실시간으로 지원을 제공할 수 있는 핫라인 설치					
긴급사태에 대처하는 시스템과 연결된 핫라인 구축					
공개적으로 사용가능한 상담이나 제보시스템					
상담이나 제보시스템에 대한 정기적인 평가					

8) 지속적 개선

항 목	전혀 모름	준비하지 않음	준비하고 있음	상세히 준비하고 있음	매우 강조하고 있음
불상사에 의혹에 대해 청문조사 등을 할 수 있는 지침					
조사받은 조직원에게 진행상황이나 결과에 대하여 통보하는 지침					
문서화되고 열람 가능한 지침이나 처리 절차					
전문적 경력이 충분한 직원이 담당하는 청문절차					
청문조사 결과의 상부 관리자에 대한 보고					
외부전문가 고용 지침 설치					
공개적으로 열람 가능한 청문조사 결과					
행정조사에 대한 적절한 대응지침					
위법행위에 대한 행정기관 공개 여부 지침					
대중에 대한 위법행위 공개지침					
정보공개를 할 때의 비밀유지에 대한 지침					
프로그램 수정이나 지속적인 개선을 위한 지침 제시					
윤리・법령 준수경영을 배울 수 있는 활동에 참가					
윤리・법령준수에 관한 잡지나 출판물 구독					
윤리・법령 준수에 대해 다른 선도적 조직 벤치마킹					
개선된 프로그램의 문서・파일을 통한 공개					

출처 : KPMG Integrity Program Checklist를 바탕으로 재구성함. 新日本監査法人グループ, インテグリティマネジメント, 東洋經濟新聞社

3. 소비자에게 신뢰받는 사업자가 되기 위한 자주적 행동기준[2]

1) 자주행동 기준의 개념

(1) 의의

자주행동 기준이란 준수해야 할 법령 외에 개별 사업자가 목표로 하는 경영자세나 소비자 대응 등에 관한 방침을 구체적인 문서로 만든 것이다. 이러한 자주행동 기준은 적극적으로 공개되어야 한다. 사업자는 스스로의 행동원칙 등을 이해관계자에게 명확히 전달할 수 있고, 이들 관계자로부터의 평가를 받는 것도 이러한 공개를 통해서 가능하다. 어떠한 자주행동 기준을 책정하고 운용할 것인지에 대해서는 각 사업자가 업종이나 거래형태를 감안해서 판단해야 할 사안이지만, 책정에 있어서는 자주행동기준의 책정이나 운용에 대한 지침을 바탕으로 하는 것이 바람직할 것이다. 또한 자주행동 기준은 사업자가 책정 및 공표하여 운용하는 것이 기본이다. 그러나 사업자 단체나 제3자 기관이 자주행동 기준의 기본틀을 책정하고, 사업자가 이에 따르는 것도 생각해 볼 수 있다.

대부분의 사업자는 사훈이나 경영이념 등과 같은 경영의 기본방침을 만들어 경영전략 책정이나 의사결정 준거틀로 활용하고 있다. 또 사훈 정신 등을 이어 받은 윤리강령, 행동규범, 윤리강령 매뉴얼 등의 행동지침을 책정하고 있는 경우도 적지 않다. 그러나 관리자를 위한 문서로서 윤리강령 등을 적극적으로 공표하며 사업을 전개하는 경영자도 많지만, 외부 공개를 꺼려하는 경우도 많다고 할 것이다. 또한 윤리강령 등은 추상적인 경우가 많기 때문에 이에 근거

2 國民生活審議會消費者政策部會 自主行動基準檢討委員會(2006). '消費者に信頼される事業者となるために一自主行動基準の指針'. 「インテグリティマネジメント」. 新日本インテグリティアシュアランス. 日本 麗澤大學 企業倫理研究センター. pp. 213-245 참고로 재구성하였음.

하여 윤리행동을 판단하는 것이 불가능할 때가 많다. 그러므로 자주행동 기준은 사내 제반 규정 등의 내용을 덧붙여 윤리강령 등을 구체화해야 할 것이다.

자주행동 기준을 만드는 것은 그 주체인 사업자에게 다음과 같은 의의를 제공할 것이다.

① 자주행동 기준의 책정 · 준수 · 운용에 있어서 외부 목소리를 직접 반영시키는 체계를 만들어야 한다. 이는 이해관계자와의 신뢰관계 재구축을 향한 첫걸음이 될 것이다.

② 이해관계자에 대한 자세, 실무 등이 자주행동 기준이란 형태로 구체화되고 자사의 방침을 명확히 할 수 있다. 이는 조직경영의 투명성을 높일 것이다.

③ 사업자는 자주행동 기준의 책정과 적절한 운용을 통하여 소비자의 신뢰를 유지 향상시킬 수 있고, 자사 제품이나 서비스에 대한 신뢰를 높일 수 있다.

④ 사업자는 조직구성원에 대하여 자주행동 기준에 대한 교육 및 연수를 행하고, 철저히 주지시킴으로써 사회적 책무를 다할 수 있다.

⑤ 사업자는 자주행동기준을 바탕으로 소비자로부터 고충상담 등에 대하여 신속하고 공정한 대응을 취할 수 있게 되므로 소비자의 만족을 높이 수 있다.

⑥ 사업자는 경영방침 등을 자주행동기준에 따라 분명히 함으로써 투자기업가, 후원자 등의 신뢰를 획득할 수 있다.

(2) 자주행동기준의 요건과 범위

자주행동기준의 기준은 명확성, 구체성, 투명성 및 신뢰성과 같은 요건을 충족해야 한다.

① 명확성

이용자 등 외부에서 볼 때 명확하고 이해하기 쉬운 내용이어야 한다. 또한 명확한 자주행동기준은 조직 임직원의 행동이나 판단을 도울 수 있다.

② 구체성

자주행동기준은 구체적인 내용을 담아야 한다. 즉, 소비자와의 거래, 또는 고충과 상담에 대하여 사업자가 어떻게 판단하고 대응할 것인가에 대하여 최대한 구체적인 내용으로 제시해야 한다. 구체적인 절차의 명시는 고충상담에 대한 신속하고 공정한 대응을 가능하게 할 것이다. 이는 이용자와 사업자 모두 오해로 인한 불필요한 대립을 피할 수 있게 할 것이다.

③ 투명성

자주행동기준의 책정 및 개정, 운용의 각 과정에서 대외적으로 정보가 공개되고 이용자 등의 의견이 적극적으로 반영됨으로써 투명성이 확보되는 것은 신뢰성 확보를 위해서도 바람직하다. 투명성 확보는 보다 신뢰할 수 있는 조직풍토 및 분위기 형성에 기여할 것이다.

④ 신뢰성

자주행동기준을 단순히 성문화하는 것에서 그치지 않고 그것을 운용하는 제도나 구조를 구축하고 기능시키는 것이 중요하다. 체계 정비를 위해서는 내부감사뿐만 아니라 외부 기관을 활용한 모니터링, 상담 창구 설치와 대응 체계 확립, 임직원을 대상으로 한 교육·연수 등이 중요하다. 이러한 실효성 확보를 위한 대응은 조직 전체로 확장됨으로써 전 사업장의 신뢰성을 높일 수 있을 것이다.

사업자는 경제적 이익 추구뿐만 아니라 이용자 대응, 노동환경, 사회공헌,

환경문제 등 다양한 분야에 대한 배려를 해야 한다. 사업자가 책정하고 있는 윤리 강령도 이러한 내용을 포함해야 한다. 그러나 지금까지는 사업자의 윤리 강령 등에 이용자 대응방침이 구체적으로 규정되는 경우가 드물었다. 최근에 이용자 대응의 중요성이 점차로 확산되면서 경제단체 등의 기업행동 헌장에도 이용자에 대한 배려가 게재되는 사례가 증가하고 있다.

자주행동기준에 있어서도 이용자 대응에 관한 기준책정 및 운용이 중요하다. 또한 이용자 행동기준에 관한 자주행동기준에서는 이용자로부터 보다 높은 신뢰를 얻기 위하여 무엇보다도 구체적인 것을 규정하는 것이 바람직하다. 어떤 항목을 어떻게 제시할지는 각 사업자가 업종이나 거래 형태 등을 감안하여 판단해야 하지만, 이용자가 또 어떠한 점에 관심을 두고 있는가에 주목하여 책정하는 것이 바람직하다.

바람직한 항목으로서는 ① 정보게시 및 제공, ② 권유방침, ③ 계약조항, ④ 제품 안전, ⑤ 환경배려에 관한 정보, ⑥ 업계 및 거래유형 특성에 맞는 정보, ⑦ 개인정보의 보호방침, ⑧ 상담 및 고충 대응 등을 생각할 수 있다.

(3) 법령 및 규격과의 관계

자주행동기준은 강제 법규 준수를 명확히 하는 성격에 더하여 법령의 구체화와 명확화, 법령 적용의 자주적 확대, 법령에 대한 부가 역할을 담당한다.

법령의 구체화와 명확화는 법령 조문이 추상적인 경우, 이러한 조문을 조직의 사업 활동에 맞추어 구체화하고 명확히 하는 규칙을 자주행동 기준으로 정하는 것이다.

법령 적용의 자주적 확대란 스스로 특정 사업 활동이 법령의 정의상 그 적용을 받을 수 있을 것인가가 애매한 경우나, 명확히 적용 범위에는 들어있지 않지만 법령의 취지 및 목적에 따라 자주적으로 그 적용을 선언하는 것이다.

법령에 대한 부가역할은 이용자 관련 법령에 규정이 없는 새로운 규칙을 자주행동기준으로 정하는 경우이다.

그러나 임직원에게 있어서도 스스로 관계하고 있는 법령을 구체적으로 이해하고 그를 바탕으로 행동하는 것은 쉽지 않다. 그러므로 자주행동기준에 있어서, 관련 법령을 참조하여 이와 같은 법령 관계를 의식할 수 있도록 주지해 두는 것이 법령 준수를 위한 환경정비에도 바람직할 것이다.

(4) 소비자와 행정의 역할

자주행동 기준을 정하고 그것을 지키기 위해 성실하게 노력하고 있는 사업자들이 사회적으로 평가를 받아 경쟁력을 가지도록 하게하는 환경 정비가 필요하다. 이를 위해서는 이용자, 행정이 각각 다음과 같은 역할을 할 필요가 있다.

① 소비자

사업자의 실효성 있는 자주행동 기준 책정을 촉진하기 위해서는 소비자가 공표된 자주행동기준에 의거하여 사업자의 경영 자세에 대한 평가를 실시하는 것이 중요하다. 지금까지 소비자는 주로 상품과 서비스를 평가를 해 왔지만, 앞으로는 여기에 경영 자세를 포함하여 평가를 행하고 조직문화를 보다 소비자 중심으로 변화시켜가는 것이 중요하다.

소비자는 사업자 정보를 충분히 얻을 수 없거나 또는 단순히 브랜드나 광고 이미지로 사업자를 평가할 수 없는 경우도 많다. 이렇게 되면 사업자 평가가 정당하게 이루어지지 못할 것이다. 이것이 사업자와 소비자 사이에 좋은 의미에서의 긴장관계가 형성되는 것을 저해하는 원인이라 생각할 수 있다.

적절한 사업자 평가는 소비자의 역할이며, 평가와 이에 근거한 소비자 행동을 하겠다는 소비자 측의 노력이 매우 중요하다. 이때 유의해야 할 점은 이용자가 사건 및 사고의 발생이라는 결과뿐만 아니라 사업자의 일상적인 대응, 사건 및 사고발생 대응, 재발 방지대책 등의 일련의 흐름 속에서 사업자의 대응을 종합적 또는 정당하게 평가하는 것이다. 이러한 평가는 소비자 지향의 사업자를 키우고 또 악질적인 사업자를 도태시키는 기능도 할 것이다. 보통

사업자는 문제의 공개를 회피 또는 누락시키는 경향이 있다. 이 때문에 사건・사고 발생의 초기 단계에서의 공개나 성실한 사후 대응은 사업자 평가의 일부에 첨가될 필요가 있다.

② 행정

행정의 역할로서는 자주행동 기준의 책정・운용이 광범위하게 이루어지도록 그 보급・개발을 포함하여 촉진대책을 마련해야 한다. 또한 개별 사업자들이 실제 자주행동 기준을 책정・운용하는 경우, 법령의 해석 등에 관하여 조언 등을 제공할 필요도 있다. 나아가 자주행동 기준의 책정・운용은 사업자 행동을 한층 소비자 지향으로 연결시켜 결과적으로 이익 증진으로 이어지므로, 그 촉진을 앞으로의 소비자 정책 속에 전개해 나갈 필요가 있다.

2) 자주행동 기준 책정・운용을 위한 유의점과 절차

(1) 효과적 내부 체제 정비를 위한 유의점

자주행동 기준의 책정・운용에 있어서는 효과적인 내부체계를 정비할 필요가 있다. 여기에서 유의할 점은 다음과 같다.

① 정보 공개

자주행동 기준의 책정 및 운용에 관한 정보를 적극적으로 공개하는 것이 바람직하다. 정보를 공개해가면서 체계를 정비해 간다는 발상을 가지는 것은 매우 중요하다. 이를 통해 자주행동 기준뿐만 아니라 사업자는 사회나 시장의 올바른 평가를 받을 수 있게 될 것이다.

② 책임 명확화

최고 관리층은 컴플라이언스 경영에 대한 동의를 명확히 선언하고 자주행동 기준을 준수하며 그 실천 내용을 조직 전체의 대응으로까지 높일 필요가 있다. 또한 자주행동 기준의 운용에 관한 책임자를 임명해야 한다. 그 책임자는 임원 이상이어야 한다.

그리고 당해 임원의 주도하에 자주행동기준의 작성 및 개정, 철저한 기준 준수를 도모하기 위한 실시 계획 책정, 실시 계획 전체의 파악과 운용, 자주행동기준 준수에 관한 교육 및 연수 등의 모든 활동을 일관하는 전문 부서를 설치해야 한다. 사업자 규모나 조직 형태에 따라서는 전문 부서가 감사를 겸무하는 경우도 생각할 수 있다. 또한 이용자로부터의 고충을 접수할 고충 대응 부서와의 유기적 연계도 자주행동 기준 준수에서 중요하다.

③ 교육 및 연수 등

설정된 자주행동 기준에 대하여 사업자의 특성과 참가자의 범위, 개최빈도 등을 고려하여 체계적인 교육 및 연수 프로그램을 책정하여 실시한다. 이때 자주행동 기준의 중요성, 윤리 및 법령 준수가 조직에 있어서 플러스가 된다는 것, 자주행동 기준의 구체적인 운영체제, 자주행동 기준 위반이 발생한 경우의 대처 방법 등을 교육할 필요가 있다. 또한 법령, 자주행동 기준 등을 위반하는 행위가 발생한 경우의 대응 절차나 상벌 규정을 작성하는 것으로 사업자 자신의 자주행동 기준에 대한 강한 동의를 명확히 할 필요가 있다.

④ 헬프 라인(help-line) 설치

자주행동 기준을 위반하는 행위에 대하여 종업원 등으로부터의 통보나 상담에 부응하는 구조를 정비하는 것이 중요하다. 헬프 라인 설치에 의해 자주행동 기준을 바탕으로 한 경영이 실시되고 있는가를 내부에서 체크하고, 문제점을 조기 발견하며 부정행위 등을 미리 방지하고 재발을 막는 데에 도움이 되게 해야 한다.

⑤ 효과적인 감사

자주행동 기준에 따라 업무가 적절히 수행되고 있는지 현장에서 모니터링해야 한다. 예를 들면, 체크 시트를 활용하여 업무 내용을 스스로 체크하게 하는 것, 각 부서의 책임자가 부하의 업무 절차를 확인하는 것, 상사의 자주행동 기준에 대한 자세를 부하가 평가하는 것 등이 있다. 또한 컴플라이언스에 관한 감사 계획을 세우고 리스크 관리를 위해 감사를 실시할 필요가 있다.

감사는 기본적으로 중립적인 부서가 실시해야 한다. 또한 실제 감사에서는 내부감사만으로 불충분하다고 판단되면 제3자에 의한 외부감사, 외부 위원을 포함한 윤리위원회에 의한 체계적인 체크 등을 활용할 수 있을 것이다.

⑥ 지속적인 개선

체계를 구축한 후에 지속적 개선을 도모하는 것이 중요하다. 효과적인 자주행동 기준 수립을 위한 내부 체계는 한번 만들어지면 그것으로 끝나버리는 것이 아니다. 또한 문제가 발생할 경우 긴급대응책을 분명히 하고, 신속하고 정확하게 대응할 수 있도록 하는 것이 중요하다. 불의의 사고 등에 의해 이용자 등이 큰 피해를 당하는 경우를 상정하고, 긴급사태 대응 매뉴얼을 작성하는 것도 검토해야 한다.

실제 긴급사태를 당할 경우에는 긴급 사태 대응 구조가 원활히 기능하였는지 검토해야 한다. 특히 이용자와의 관계에서는 이용자 상담 창구에서 의뢰되는 상담이나 고충을 수집하고 분석함과 아울러, 정기적으로 소비자 만족도를 파악하는 것도 중요하다. 그것을 바탕으로 재발 방지책을 책정하고 자주행동 기준의 개정이나 체계 수정을 수행할 필요도 있다.

⑦ 조직 문화의 변혁

자주적 행동기준의 책정과 운용을 위한 시스템을 사업자가 도입하는 것만으로는 충분하지 않다. 조직 문화를 소비자 지향으로 변화시키지 않으면 조직 전체의 컴플라이언스 의식도 변하지 않는다.

(2) 효과적인 자주적 행동 기준 책정 과정

여기에서 제시하는 자주적 행동기준 책정 절차는 사업자의 편리를 고려한 것이다. 각 사업자는 스스로의 업종, 업태, 규모, 상품 및 서비스 내용 등을 감안하여 독자적으로 절차를 검토해야 할 것이다.

① 1단계 : 최고 관리층의 동의와 리스크의 체계적 분류

우선 사업자는 기존의 사훈 등을 설정하고 있는 경우에는 이것을 출발점으로 하여 사업자에게 있어서의 목표로 해야 할 사업자 상을 분명히 해야 한다. 그리고 법령에 위반하는 리스크나 사회규범으로부터 일탈하는 리스크를 체계적으로 추출해야 한다. 특히 이용자 지향 경영을 목표로 하기 위해서는 이용자 문제에 관한 법령이나 이용자의 의식을 검토하고 이용자가 사업자 업무에 대하여 강한 관심을 가지는 사항을 도출하는 것이 중요하다. 나아가 리스크매니지먼트라는 관점으로부터 사업 내용 또는 업계의 관행 등으로 인하여 일어나기 쉬운 문제를 정리하고 대외적인 영향이나 해결의 긴급성이란 관점에서 우선순위를 정해야 한다.

② 2단계 : 이해관계자의 명확화

1단계에서 검토한 주된 사항에 대하여 관련이 깊은 이해관계자를 명확히 한다. 이후에 소비자(이용자) 대표, 지역주민 대표, 외부 전문가 등으로부터 자주행동 기준 책정 작업을 위한 협력을 요청한다.

③ 3단계 : 원안 작성과 의견 청취

1단계를 거쳐 수집・정리된 정보를 바탕으로 소비자 등 이해관계자에게 설문조사나 의견 공모 또는 개별 청문 등을 적절히 실시하거나 또는 직접 자주적 행동 기준 책정 작업에 참가하여 의견을 표명하도록 하면서 자주적 행동 기준의 원안을 작성한다. 법령과의 관계를 확인하기 위하여 행정기관이나 전문가에게 의견을 요청한다. 또한 법령 등의 준수에 머물지 않고 이해관계자가 사업자에 대하여 기대하는 사회적 책임까지 분명히 하는 것이 바람직하다.

이해관계자가 원안 작성에 관여하지 않는 경우, 작성 과정의 투명성을 높이기 위하여 이에 대한 방법을 생각할 필요가 있다. 예를 들면 원안이 만들어진 단계에서 이것을 널리 일반에게 공개하고 의견을 요청하면서 원안에 의견을 반영시키는 방법도 생각할 수 있다.

④ 4단계 : 자주적 행동 기준의 정식 승인

이들 이해관계자의 의견과 사업자 내부의 재검토 결과 등을 바탕으로 하여 자주적 행동기준의 최종안을 설정한다. 이 최종안은 이사회 등의 승인을 거쳐 정식 자주적 행동기준이 된다.

⑤ 5단계 : 자주적 행동기준의 공표와 교육·연수의 철저

4단계에서 승인 받은 자주적 행동기준을 홈페이지 등에 공개함과 아울러 자주적 행동기준이 설정된 사실을 소비자 등이 알 수 있도록 기자 발표, 선전 등의 홍보활동을 수행하는 것이 바람직하다. 또 자주적 행동 기준의 공표와 아울러 최고 관리층이 그 취지와 컴플라이언스 경영에 대한 합의를 임직원 등에게 전달하고, 특히 영업이나 판매, 품질 관리, 고충 대응 등에 대해 각 부서가 철저하게 주지할 수 있도록 교육과 연수를 정기적으로 실시하는 것이 중요하다.

⑥ 6단계 : 자주적 행동기준의 수정

발효된 자주적 행동기준의 내용을 정기적으로 수정한다. 특히 이용자 등 외부인으로부터 자주적 행동기준의 내용에 관하여 개선점 등을 지적받은 경우, 사업 활동 분야가 변경된 경우, 관련 법령이 제정 및 개정된 경우, 나아가서는 자주적 행동기준의 발효에도 불구하고 자주적 행동기준에 위반하는 행위가 확인된 경우에는 자주적 행동기준의 내용이나 실효성 담보 방책을 체계적으로 검토할 것이 요청된다.

3) 자주적 행동기준의 설정 촉진과 실효성 확보

(1) 사업자의 대응 촉진

① 인재의 조직화

사업자들 사이에서 자주적 행동기준의 책정과 운영에 관계하는 책임자 및 담당자 등이 횡단적으로 교류하고 노하우를 공유하며 계발 및 보급 활동을 활발히 할 필요가 있다. 그리고 이러한 자발적 활동을 지탱하는 네트워크 및 조직이 발전하는 것은 앞으로 우리나라 자주적 행동 기준을 정착시키고 그 실효성을 향상시킬 추진력이 될 것으로 기대된다.

미국에서는 EOA(Ethics Officer Association), 호주에서는 ACI(Australian Compliance Institute) 등이 조직되어 국내에서는 물론 국외에서도 자주적 행동 기준 책정을 촉진하기 위하여 적극적으로 노력하고 있다. 이러한 네트워크 및 단체의 조직화를 추진하고 국내에서 보급 계발을 추진하면서 독자적인 컴플라이언스 시스템에 대하여 국제적으로 교류하고 질 향상을 위해 노력해 나가야 할 것이다.

② 기업의 사회책임의 규격화

현재 ISO에서는 '기업의 사회적 책임(Corporate Social Responsibility)' 및 '행동

규범(Market Based Codes of Conduct)'에 관한 규격화가 논의되고 있다. 기업의 사회적 책임에 관한 규격화에 대해서는 그 중요성 때문에 소비자 정책위원회(ISO/COPOLCO) 총회에서 규격화에 대한 검토를 행하도록 제언되었다. 총회는 이 제언을 받아 TMB(기술관리평의회) 주관 하에 최고위 자문위원회를 설치할 것을 결정하고 앞으로 구체적인 내용을 검토하는 작업을 시작하기로 하였다.

(2) 자주적 행동기준의 실효성 확보

① 자주적 행동기준의 평가

－홈페이지를 통한 보급 계발

자주적 행동기준을 각종 기관의 홈페이지에 게재함에 따라 소비자가 이것을 볼 수 있고 평가하기 쉬워진다. 예를 들면, 환경 분야에서는 사업자가 작성한 환경보고서 내용을 다양한 관계자가 횡단적으로 비교할 수 있고 또 사업자와 관계자 양쪽 모두의 환경 커뮤니케이션에 일조할 수 있도록 환경관리 당국이 환경 보고서 데이터베이스를 운영할 필요가 있다.

－소비자 교육 및 계발

소비자는 사업자를 평가하는 것이 얼마나 중요한가를 인식할 필요가 있다. 소비자 교육 및 계발에 있어서는 사업자의 컴플라이언스 경영에 대한 대응 정보를 어떻게 입수하고 평가할 것인가, NPO 등 중립적 평가 기관으로써 어떠한 단체가 있는지 등에 대해 주로 다루어야 한다.

또한 학교에서의 소비자 교육은 보다 좋은 사회생활을 영위하기 위한 판단 능력을 습득하게 하여 스스로 생각하고 행동할 수 있는 소비자를 양성해 가는 것에 초점을 두어야 한다. 피해의 예방이나 적절하게 사업자 평가를 할 수 있는 능력은 생활상의 응용 과제이다. 이러한 내용들을 몸에 익히기 위하여 변호사, 소비생활상담원 등 외부 전문가 협력을 얻어 소비자 교육을 충실하게 할 필요가 있다.

－평가 조직의 육성

사업자의 컴플라이언스 경영에 대한 대응을 소비자가 상품이나 서비스 구입을 통하여 촉구하는 것은 소비자 권익 보호에 큰 영향을 끼치고, 또한 사업자의 고객만족 경영의 원동력이 된다. 그러나 소비자가 개별 사업자의 평가를 행하는 것은 정보측면의 제약 등으로 쉽지 않다. 그러므로 소비자 단체 등과 함께 사업자에 대한 평가 등을 수행하는 비영리 단체 등이 발전하는 것이 중요하다.

② 법령과의 링크

사업자가 법령을 준수하는 것은 당연한 책무이다. 그러나 기업 불상사가 계속적으로 이어지고 있는 상황이므로, 법령 준수를 위한 체계 정비를 사업자의 책무로써 명확히 할 필요가 있다. 또한 사업자가 책정하는 자주적 행동기준이 지켜지지 않을 경우, 일정한 형태로 법령상의 규정과 링크시킴으로써 그러한 행위를 배제하는 것도 검토할 필요가 있다.

③ 재판 이외의 분쟁해결 절차 등에서의 활용

분명하고 구체적인 형태로 공표되는 자주적 행동 기준은 소비자 보호원이나 국민생활센터 등과 같은 소비자 권익보호 기관의 고충처리에서도 활용할 수 있다. 또한 자주적 행동기준 중에서 재판이외의 분쟁처리 수단 등으로 이용할 수 있도록 규정되어 있는 경우, 사업자와 이들 기관과의 절차를 포함한 상호 연계 형태가 명확히 되어 있다면 고충처리 실효성은 높아진다. 따라서 그러한 연계 형태에 대하여 깊이 있는 검토를 행하는 것이 중요하다.

4. 일본사회복지시설 경영자협의회「신행동계획 21」(2006~2010 중기행동계획)

1) 상황인식

사회복지법인은 '사회와 지역사회에서의 복지발전과 충실'을 사명으로 사회복지사업의 안정적이고 지속적인 경영에 노력하면서 동시에 다양한 복지사업에 유연하고 주체적으로 대응하는 매우 '공공성 · 공익성'이 높은 법인이다.

오늘날 저출산 고령사회의 도래에 의한 인구 구조변화, 성장형 사회의 종언 등, 사회경제환경이 급격한 변화를 보이고 있으며 경제격차 확대와 가족기능 저하 등을 배경으로 한 사회적인 문제가 증가하고 있다. 또한 사회복지에 대한 니드가 증가하면서 다양하고 복잡하게 변화하고 있다.

한편 사회경제 시스템 전체의 구조개혁을 위한 움직임이 활발하게 이루어지면서 규제개혁, 지방분권개혁, 사회보장제도 개혁을 비롯한 개혁이 진행되는 과정에 사회복지제도에 대해서도 사회복지법인제도, 개호보험제도, 장애보건복지대책, 차세대 육성지원 등 각 분야에서 개혁이 진행되고 있다. 특히 여러 제도의 사회보장시스템으로의 전환, 다양한 공급주체의 참여, 수입구조 변화, 규제와 조성의 수정 등과 함께 국민 및 이용자로부터 엄격한 서비스 선택을 요구받는 시대에 사회복지법인은 직면하고 있다는 점을 인식해야 한다.

이처럼 사회복지법인 경영을 둘러싼 환경이 불확실성을 높이면서 다시금 그 사명과 역할을 인식하고 존재의식을 명확히 할 필요가 있다.

사회복지법인이 국민과 이용자의 엄격한 시선을 진지하게 수용하고 그런 시각에서 앞으로도 복지의 발전과 충실을 위하여 중심적인 역할을 담당하기 위해서는 개인 존엄의 보전과 사회, 지역에서의 복지시스템 구축 등에 주체적으로 대응함과 아울러 지속가능한 사회복지법인 경영을 실현하는 것이 불가피하다.

본 회는 사회복지법인의 사명을 다하기 위하여 양질의 안심하고 안전한 서비스 제공과 지속가능한 사업경영을 실현해야 할 활동과 지원을 추진해가기 위하여 활동이념과 목표, 그 실행을 위한 사업전개 방향을 명확히 하는 것을 목적으로 5년 동안의 중기 행동계획을 2회에 걸쳐 책정해 왔다.

2006년부터 2010년까지의 새로운 중기 행동계획인 「신행동계획 21」은 경영협 활동의 보다 나은 활성화를 도모하려는 관점에서 본 회의 활동이념, 활동목적, 구체적인 사업전개, 지방자치단체 경영협의 역할뿐만 아니라 회원법인에게 요구되는 대응방식을 「사회복지법인」 행동규범으로 정하였다. 또한 회원법인에 요구되는 행동규범의 적극적이고 적절한 실천을 위하여 본회와 지역조직의 연계와 협력을 분명히 하여 중층적인 지원체제 확립을 향한 대책을 추진하고자 한다.

2) 회원법인에게 요구되는 행동규범(사회복지법인행동규범)

사회복지법인은 '사회, 지역에서의 복지의 발전 · 충실'을 사명으로 사회복지사업의 안정적이고 지속적인 경영을 위하여 다양한 복지과제에 유연하고 주체적으로 대응하는 매우 '공공성 · 공익성'이 높은 법인이다. 회원법인은 사회복지법인의 사명을 다하기 위하여 다음과 같은 행동규범을 바탕으로 공공성 · 신뢰성이 높은 경영을 실천한다.

(1) 인권존중

이용자의 자기결정과 선택을 존중하며 권리옹호를 실현함과 아울러 개인존엄을 배려한 양질의 안전한 서비스 제공에 노력한다.

(2) 서비스 질 향상

개인존엄을 배려한 양질 그리고 안심·안전한 서비스 제공 실현을 위하여 리스크매니지먼트 체제의 구축, 인재육성 등에 노력한다.

(3) 지역과의 공생

지역에서의 복지시스템 구축에 주체적으로 관계하며 다양한 주체와의 연계와 협동에 의해 지역의 복지과제에 대처한다.

(4) 사회적 규칙(컴플라이언스) 준수 철저

관계법령, 법인이 정한 제반 규칙은 물론 법인의 이념이나 사회적 기준을 준수하는 경영에 노력함과 아울러 그 실현을 위한 대응을 추진한다.

(5) 설명책임의 철저

이용자, 지역과의 커뮤니케이션을 도모하기 위하여 적극적인 정보게시, 정보제공 등에 노력하며 설명책임을 다 한다.

(6) 이용관계자와의 적절한 관계 보장

공공성·공익성이 높은 법인으로서 관계하는 각종 사업자와 공정하고 적절한 거래를 행한다.

(7) 행정과의 연계 및 협력촉진

지역복지를 추진하기 위하여 행정과의 연계 및 협력을 꾀하고 건전한 관계성을 유지한다.

(8) 국제화에 대한 대응

지역에서 생활하는 외국인에 대한 적절한 지원 및 서비스 제공을 행함과 아울러 복지인재 육성 등을 통한 국제공헌을 추진한다.

(9) 인재육성, 적절한 인사 · 노무관리 실천

경영의 지속적 발전을 꾀하기 위한 인재육성에 노력하고 직원의 자기실현에 기여함과 아울러 적절한 인사 및 노무관리를 실천한다. 또한 안전하고 청결한 직장환경 정비를 추진한다.

(10) 공공적 · 공익적 대응의 추진

저소득층에 대한 지원 및 지역복지 니드에 부응하는 선구적, 개척적인 '한 법인 한 공헌'을 한층 강하게 추진함과 아울러 안정적이고 지속적인 사업경영을 행한다.

(11) 조직통치(거버넌스) 확립

사회적 규칙준수를 철저히 하고 공정하고 적정한 경영을 가능하게 하는 실효성 있는 조직 체제를 구축한다.

(12) 재무기반 안정화

신뢰성이 높은 효과적 · 효율적 경영을 위한 관점에서 안정적인 재무기반 확립과 적절한 재무관리 · 회계처리를 행한다.

(13) 경영자의 역할수행

사회복지법인 경영자는 리더십을 발휘하여 지금까지 밝힌 행동규범 실천에 노력한다.

(14) 경영책임 명확화

본 규범에 반하는 사태가 발생한 경우에는 경영자 스스로가 문제해결에 임하는 자세를 명확히 하여 원인을 규명함과 아울러 설명책임을 다하고 재발방지에 노력한다.

참고문헌

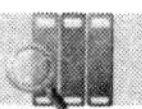

1 동양문헌

김용득(2005). "영국 커뮤니티케어의 이용자 참여기제와 한국 장애인복지서비스에 대한 함의". 한국사회복지학. 한국사회복지학회 Vol.57. No. 3 : 363-387.

노난숙 역(2003). "개호보험법과 권리옹호". 河野正輝. 강원법학. 강원대학교 비교법학연구소 : 189-218.

노난숙(2004). "일본 개호보험법의 구조". 강원법학. 강원대학교 비교법학연구소 : 179-188.

백석인(2001). "스웨덴의 노인복지서비스 정책과 관련법". 노인복지정책연구 통권 제22호 : 57-105.

보건복지부(2004). "노인요양보장체계 시안". 공적노인장기요양보장제도 도입의 필요성과 방향. 2004년 노인복지학술대회자료집.

우국회(2001). "노인학대 관련 정책개발을 위한 일고찰 : 미국의 노인학대 관련법과 서비스 정책을 중심으로". 한국사회복지학 Vol. 44(2001. 3) : 209-231.

은희경(2002). "노인학대관련 외국동향 : 독일". 밝은노후 통권 제2호 : 37-43.

이명현(2008). 계약형 사회복지와 권리옹호 시스템. 경기 : 집문당.

_____(2003). "고령자 보호를 위한 성년후견제도의 고찰". 한국복지행정논총 제13집 제1권. pp. 103-129.

_____(2004). "고령자 학대예방을 위한 대응과 권리옹호". 인문사회과학연구. 상주대학교 인문사회과학연구소 논문집. 창간호 : 113-135.

_____(2004). "사회복지에서의 이용자 지원을 위한 권리옹호(Advocacy) 시스템에 대한 고찰". 한국사회복지학 제56권 제2호 : 29-52.

_____(2005). "고령자 학대에 대한 제도적 대응과 권리옹호적 연계". 사회법연구. 한국사회법학회 제4호 : 167-196.

_____(2005). "복지옴부즈맨 제도의 동향과 함의-스웨덴과 미국을 중심으로". 인문사회과학연구. 상주대학교 인문사회과학연구소 : 65-88.

인경석(2004). "선진국 복지정책의 교훈과 시사점". 사회보장연구 제20권 제1호 : 1-25.

정남기(2001). "성년후견제도에 대한 연구". 전주대학교 박사학위논문.

정재욱(2005). "일본의 사회복지체제에 있어서 사회복지서비스에 대한 이용지원체제의 구조와 특징에 관한 연구". 한국사회복지학 Vol. 57. No. 1 : 121-146.

조영훈(2005). "신자유주의 사회개혁으로서의 일본 공적개호보험 : 시행 5년간의 사회적 결과를 중심으로". 한국사회복지학 Vol. 57. No. 2 : 165-184.

최현(2009). 인권. 서울 : 책세상.

홍경준(2005). "한국 복지체제의 전환을 위한 현실진단과 과제". 한국사회복지의 좌표. 한국사회복지학회 2005년도 춘계공동학술대회 자료집 : 19-38.

KPMG(2003). コンプライアンス マネジメント. 東洋經濟新聞社. pp. 42-43.

高嚴(2003). コンプライアンスの知識. 日本經濟新聞社.

高山直樹(2001). ソーシャルワーカと權利擁護". ソーシャルワークと權利擁護. 權利擁護硏究會. 東京 : 中央法規. p. 38.

高山直樹・川村隆彦(2002). 權利擁護. 中央法規.

高野範城・荒中・小湊純一(2005). 高齢者・障碍者の權利擁護とコンプライアンス. あけび書房.

________________________(2006). 高齢者・障碍者の權利擁護とコンプライアンス. あけび書房.

谷川瞳・池田惠利子(2006). ケアマネジャーのための權利擁護實踐ガイド. 中央法規.

橋本宏子(1993). "イギリスにおける苦情處理手續福祉サービスの供給", 神奈川法學 第28卷 第1号.

菊池馨美(2000). "介護保險制度と利用者の權利擁護". 季刊社會保障硏究 36卷 2号. p. 233.

菊池馨美(2000). 社會保障の法理念. 東京 : 有斐閣. pp. 145-146.

權利擁護硏究會(2001). ソーシャルワークと權利擁護. 中央法規.

大國美智子・久岡英樹(2004). 高齢者の權利擁護. ワールドプランインク.

大石剛一郎(2000). "權利擁護と意味と目的". 福祉オンブズマン硏究會編, 福祉オンブズマン. 東京 : 中央法規出版. p. 27.

大增根寬(2000). 成年後見とさ社會福祉法制. 法律文化社. pp. 171-172.

東京都社會福祉協議會(2005). 地域福祉權利擁護事業と地域福祉活動との連繫に關する硏究委員會報告書.

福祉勞動編輯委員會(1992). 福祉・醫療における權利擁護のあり方. 現代書館.

__________________(1999). 權利擁護制度とセルフアドボカシ. 現代書館.

福祉オンブズマン硏究會(2000). 福祉オンブズマン. 中央法規.

北野誠一(1999~2002). "シリーズ北美における權利擁護とサービスの質に關すシステム1~27回". 月刊ノーマライゼーション.

北野誠一(2000). "アドボカシーの概念とその展開". 障害をもつ人の人權. 有斐閣.

________(2006). "アメリカの長期ケア(Long Term Care)における障害者支援と高齢者支援". 海外社會保障硏究 No. 154. pp. 70-82.

森山 滿(2003). コンプライアンス經營マニュアル. 商事法務.

三重縣社會福祉協議會(2000). 福祉施設における權利擁護を考える.

西尾祐吾(2000). 社會福祉實踐とアドボカシー. 中央法規.

西田和弘(2001). "社會保障の權利擁護・救濟手續き". 21世紀の社會保障法. 日本社會保障法學會編,法律文化社.

新井誠(1998). 高齡者の權利擁護システム. 勁草書房.

新井誠・秋元美世(2006). 福祉契約と利用者の權利擁護. 日本加除出版.

兒玉勇二・池田直樹(2003). 障碍のある人の人權狀況と權利擁護. 明石書店.

奧村芳孝・伊澤知法(2006). "スウェデンにおける障碍者政策の動向". 海外社會保障硏究 No. 154. pp. 46-59.

日本辯護士聯合會(2002). 契約型福祉社會と權利擁護の形態を考える. あけび書房.

日本社會福祉士會(2002). 社會福祉の權利擁護實踐. 中央法規.

全日本精神薄弱者育成會(1991). 地域福祉と權利擁護.

植村英晴・柳田正明(2006). "イギリスの介護施策と障碍者施策". 海外社會保障硏究 No. 154. pp. 37-45.

平岡公一(1997). "イギリスにおけるコミュニティケアと利用者權利擁護の視點". 社會保障硏究 第70号.

平田 厚(2007). "福祉事業者のコンプライアンスとは". 月刊福祉(12). 全國社會福祉協議會. pp. 18-21.

河野正輝(1999). "地域福祉權利擁護の基本課題". 法政66巻 2号. p. 59.

2 서양문헌

Alcok, P.(1989). "Why citizenship and welfare rights offer new hope for welfare in Britain". *Critical Social Policy* 19(26) : 32-43.

Braye, S., & M. Preston-Shoot(2003). *Empowering practice in social care*. Maidenhead : Open University Press.

Braye, S.(2000). "Participation and involvement in social care : an overview". pp. 9-28. in *User involvement and participation in social care : research informing practice*. edited by Kemshall, H., & R. Little child. London : Jessica Kingsley.

Charles, F., & Jacqueline G. et al.(2001). *Civil Advocacy*. Gavendish Pub Ltd.

CSCI.(2005). The state of social care in England 2004~5. December 2005.

Curtice, L., & F. Fraser(2001). "The domiciliary care market in Scotland : quasi-markets re-visited". *Health and Social Care in the Community* 8(4) : 260-268.

Dearing, A.(1993). *The Social Welfare WORD Book*.

Denis Galligan(1992). *Procedural Rights in Social Welfare*. Nick Doyl & Tessa.

Department of Health Social Services Inspectorate(1991). The Right to Complain.

Department of Health(1996). SSI Inspection of Complaints Procedures in Local Authority Social Services Departments-Third Overview Report.

Department of Health(1990). Community care in the next decade and beyond. *Policy Guidance*. London : HMSO.

Department of health(2005). Independence, Well-being and Choice. Our vision for the future of Social Care for adults in England. March 2005.

Goldsmith, Seth B.(2005). *Principles of Health Care Management : Compliance, Consumerism, and Accountability in the 21st Century*. Boston : Jones & Bartlett Pub Published.

Harris, J.(1999). "State social work and social citizenship in *Britain : from* clientelism to consumerism". *British Journal of Social Work* 29 : 915-937.

Haynes, K .S., & Michelson, J. S.(1996). *Affecting Change : Socialworkers in the political arena*(3rd ed.). Reading, MA : Addison-Wesley.

Ife, J.(2006). "인권과 사회복지서비스". 사회복지분야 인권관점 도입·확산을 위한 워크숍 자료집. 국가인권위원회.

Jane Galloway, S.(2001). *The Meaning and Role of Organizational Advocacy : Responsiblity and Accountablity in the workplace*. New York : Quorum Books.

Mark, E.(2000). *Advocacy in the Human Services*. Belmont, CA : Wadsworth Pub Co.

Michael G. Silverman(2008). *Compliance Management for Public, Private or Nonprofit Organization*. New York : McGraw Hill. p. 119.

Mike, P., & Rick, H.(2001). *Right Result? : Advocacy, Justice and Empowerment*. Policy Pr Published.

MIND.(1992). *THE MIND GUIDE to Advocacy in Mental Health Empowerment in Action*. MIND.

Neil, Bateman(2000). *Advocacy Skills for Health and Social Care Professionals*. London : Jessica Kingsley Pub.

Practice Guidance on Complaints Procedures in Social Services Departments, HMSO.

Robert, L. S., & Lori, L.(2000). *Social Work Advocacy : A New Framework for Action*. Belmont, CA : Wadsworth Pub Co.

Salamon, L. M.(1989). "The Changing Partnership Between the Voluntary Sector and the Welfare State". pp. 41-60. In the Future of the Nonprofit Sector, edited by Hodgkinson, V. A., & R. W. Lyman. New York : Jossey-Bass Pub.

Sana, L., & Linda S. L.(2003). *Community Health Advocacy*. New York : Springer Published.

Simon, B. L.(1990). "Rethinking empowerment". *Journal of Progressive Human Services* 1(1) : 27-39.

■ 이 명 현(lh948@knu.ac.kr)
경북대학교 보건복지학부 사회복지전공 부교수
계약형 사회복지와 권리옹호 시스템, 2008
사회복지행정론(공저), 2008
사회복지학강의(공저), 2001
유럽에서의 기본소득 구상의 전개 동향과 과제, 2007
복지국가 재편을 둘러싼 새로운 대립축－워크페어 개혁과 기본소득 구상, 2006 외 다수

■ 강 대 선(kds2398@bsdi.re.kr)
위덕대학교 사회복지학과 전임강사
자원봉사론(공저), 2009
사회복지이용시설의 효율화 방안에 관한 연구(공저), 2009
부산사회복지 2020(공저), 2008
부산광역시 지역사회복지계획 수립연구(공저), 2007

복지서비스 이용자의 권리옹호와 컴플라이언스

|공저자| 이명현 · 강대선

|1판 1쇄| 인쇄 2010년 5월 3일
|1판 1쇄| 발행 2010년 5월 8일

|발행인| 김동훈
|발행처| 공동체

|주소| 경기도 고양시 일산동구 백석동 1323 동문타워Ⅰ 905호
|전화| 031)920-8305(대표)
|팩스| 031)920-8308
|e-mail| compub@naver.com
|출판등록| 2005년 10월 6일
|등록번호| 제396-2005-36호

|ISBN| 978-89-6352-114-5
정가 12,000원